Heinz Muchow

Wie sich das Ackerbürgerstädtchen Wittenberge zu einer Industriestadt entwickelte

Die wichtige Epoche der Stadtgeschichte vom 19. Jh. bis etwa Mitte des 20. Jh.

© 2001 Alle Rechte liegen beim Autor

Umschlagbild: Die Herzsche Ölfabrik vor dem Brand 1856
nach einer Lithographie von C. W. Arldt (Jahr unbekannt.
In: Gertrud Schroeder: Alt-Wittenberge von gestern und heute; 1930; Seite 56 f.)

Herstellung: Books on Demand GmbH

ISBN 3-8311-2355-1

Inhalt

1. Das Ackerbürgerstädtchen und seine Mühlen

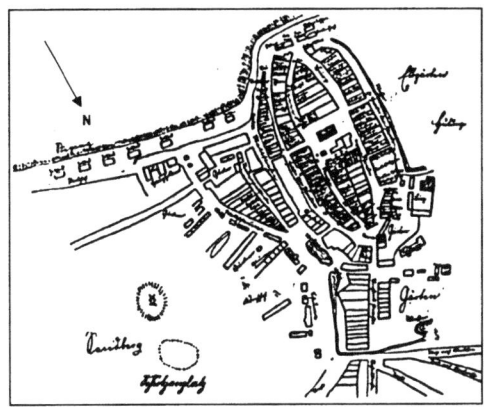

Abb. 1   Stadtplan von Wittenberge 1827

Über mehrere Jahrhunderte hatte Wittenberge mit wenigen Unterbrechungen adlige Herren, größtenteils aus der Familie der **Edlen Gänse „de Wittenberge"**[1]. Wittenberge war daher damals eine Mediatstadt, wurde aber von Historikern[2] für jene Zeit mehrfach auch als „Städtlein" oder „Flecken" bezeichnet.

So entwickelte sich Wittenberge zunächst als ein politisch weitgehend unbedeutendes Ackerbürgerstädtchen, im Süden der Prignitz auf einem „saaleeiszeitlichen Plateau am rechten Ufer der Elbe westlich der Stepenitzmündung"[3] gelegen. Seine freien, nicht hörigen Ackerbürger vermochten ihre Rechte[4] gegenüber den Stadtherren bereits im 17. Jahrhundert und danach mit Hilfe eines Rates und der sog. Viertelsmänner wiederholt beharrlich durchzusetzen.[5]

Nach der Gründung des Ortes Wittenberge[6] an seinem jetzigen Standort durch Angehörige der Familie **Gans**[7] sind hier ursprünglich 47 Bürgerstellen eingerichtet worden. 1781 war die Herrschaft der Familie Gans in Wittenberge beendet. Um 1800 gehörte der Grundbesitz in Wittenberge der sog. „94er Bürgerschaft".[8]

Neuer und gleichzeitig letzter adliger Burg-, Stadt- und Gerichtsherr wurde **Hauptmann Christian Gottfried Levin von Kitscher**.[9]

Während für 1697 hier von 22 Ackerleuten gesprochen wird, werden 1801 in Wittenberge 38 Ackerbürger bei nur etwa 800 Einwohner insgesamt gezählt.[10] Neben den landwirtschaftlich tätigen Bürgern waren es vor allem Angehörige handwerklicher Berufe, die in dem kleinen Städtchen ihren Erwerb suchten. Das wird auch durch die schriftlich nachgewiesene berufliche Struktur[11] der Einwohnerschaft bestätigt. Über die soziale Struktur und die Erwerbsquellen der Einwohnerschaft im Jahre 1801 ist bekannt:

Wittenberge hatte insgesamt 857 Einwohner (davon: 211 Männer, 237 Frauen, 194 Söhne, 148 Töchter, 10 Gesellen, 14 Knechte, 2 Jungen (Lehrlinge), 41 Mägde) „Auf der Südseite hat die Stadt zwischen der Stepenitz und Elbe guten Boden, auf der andern viel Sand." Ausgesät wurden Weizen, Roggen, Gerste, Hafer, Erbsen. Wicken, Leinsamen, Flachs. Auch Kartoffeln wurden angebaut. Eichen- und Rüsternholz lieferten Bau- und Brennholz. Die Viehzucht war sehr ansehnlich. Im Jahre 1801 waren vorhanden: 270 Pferde, 4 Ochsen, 321 Stück Jungvieh (gemeint sind wohl: Rinder. HM), 69 Kälber 70 Hammel, 782 Schafe, 197 Schweine. Die Wollegewinnung betrug 37 schw. Steine.[12]

1849 waren von den 4 071 Einwohnern der Stadt 39 % berufstätig, darunter 18,2 % in der Landwirtschaft (195 Personen), 22,3 % im Handel und 59,5 % im Gewerbe.[13]

Das Besitzbürgertum, vornehmlich die hiesigen Ackerbürger, übten am Beginn des 19. Jahrhunderts in Wittenberge den größten Einfluss auf das Leben in der Stadt und seine Verwaltung aus. Es ist deshalb wohl berechtigt, als Charakteristikum für das Leben der Einwohner von einem Ackerbürgerstädtchen zu sprechen.

Marktplatz um 1850
(links Evangelische Kirche, rechts Rathaus mit Turm, im Vordergrund der Glockenstuhl)

Abb. 2   Marktplatz um 1850

Obwohl es in der Stadt nur wenige Beschäftigte gab, die im Bereich des Mühlenwesens beschäftigt waren, so hatten doch die Mühlen für die Einwohner des kleinen Ackerbürgerstädtchens eine besondere Bedeutung.[14] Deshalb gehe ich hierauf etwas eingehender ein.

Schon aus dem 14. Jahrhundert wird aus Wittenberge über Mühlen berichtet. **Wassermühlen** waren die ersten, die in der Stadtgeschichte Wittenberges urkundlich erwähnt wurden[15]. Damals besaßen die Stadtherren von Wittenberge die Mühlengerechtigkeit[16], d.h. das Recht, Mühlen bauen zu lassen und zu betreiben. Sie waren Mühlenherren. Die Bürger der Stadt mussten alles Mehl in den herrschaftlichen Mühlen mahlen lassen, es bestand Mahlzwang. Das Betreiben von Handmühlen war den Bürgern untersagt.

1337 bestätigte Markgraf Ludwig I. den Verkauf von zwei Wassermühlen an der Stepenitz durch **Johann von Buch** an den Rat und die Kaufmannschaft von Perleberg.[17] Der damalige Stadtherr und seine Nachfolger wurden verpflichtet, *„das Wasser nicht mit Mühlen, Deichen, Wehren oder irgend einem andern Hindernis, das die Schiffahrt zu beeinträchtigen geeignet wäre, zu verbauen."* Vom sehr strengen Winter 1441/42 wird berichtet, daß die Wassermühlen nicht funktionierten und das Korn daher in Mörsern zu Mehl zerstoßen wurde.

In den Archivalien der Stadt gibt es Hinweise auf zwei Windmüller in unserer Stadt.[18]. Am 21 November 1703 wurde in der eingerichteten "Königliche Salzfaktorei und Mühlensteinverlosung" auch Mühlensteine zum Verkauf an die Mühlenbesitzer der Umgebung angeboten.[19]

Als im März 1709 bei Wittenberge infolge Hochwassers mehrere Deichbrüche eintraten, wurde durch die Fluten ebenfalls eine der Familie Gans gehörende Windmühle am Elbdeich mit fortgerissen.[20] **Adam Georg II. Gans** richtete danach eine Eingabe an den König, ihm den Neubau einer für die Volksernährung dringend benötigten Mühle auf einem neuen, am Elbdeich anzuschüttenden Mühlenberge neben der stehen gebliebenen zweiten Mühle zu gestatten. Doch die Einwohner wehrten sich heftig gegen den in Aussicht genommenen Mühlenstandort im Hagen[21], weil dieser Teil der Feldmark im Besitz der Bürgerschaft war, und sie versuchten, den Bau zu verhindern. Da der Burgherr nach seinem neuen Lehnbriefe von 1708 nunmehr recht maßlos, und vielfach unberechtigt, frühere Rechte wieder von den Bürgern forderte, erklärt sich daraus der Widerstand der Bürgerschaft gegen den Mühlenneubau. Schließlich genehmigte König Friedrich I. am 27. Mai 1709 den Mühlenbau und verbot jede Behinderung desselben durch die Bürger bei Androhung einer hoher Strafe.[22]

1757 wird in Wittenberge ein **Müller** namens **Baars** genannt.[23] Am 07.09.1766 erfolgte die Erbverpachtung des Freiherrlichen Mühlenhofes an die Mühlenpächter **Adam Christoph und Heinrich Krüll**.

Während der französischen Besatzungszeit erging am 07. Mai 1809 an die Stadt die Aufforderung, daß alle „Amateur-Mühlen" aufzuspüren und abzuliefern seien.

1819 hatte der **Mühlenbesitzer Simon Ewe** seine „Holländische Windmühle" in der Nähe des Elbdeiches erbaut, die später „auf den Berg hinaufgerichtet" wurde.[24] **Mühlenmeister**[25] **Gottlieb Johann Joachim Friedrich Lukas** war spätestens seit 1822 „Altmeister" des „Mühlenmeister-Gewerkes Perleberg". Er beschäftigte nachweislich drei Müllergesellen.[26] Im Stadtplan von 1827 ist eine Windmühle auf dem „Sandberg" nördlich der heutigen Bad Wilsnacker Straße eingezeichnet.

Im Oktober 1847 stellte **Mühlenmeister Carl Friedrich Ohle** aus Sandau/Elbe beim Wittenberger Magistrat den Antrag zur Erbauung einer neuen Windmühle in unserer Stadt. Die landespolizeiliche Genehmigung für den Aufbau der Bockwindmühle in den Rehwischstücken[27] erhielt Ohle am 06. Juli 1848.

Mühlenmeister Wilhelm Seefluth wird ab 1846[28], **Mühlenbesitzer Löther** ab 1854 erwähnt. Für 1849 sind in der Statistik 2 Bockwindmühlen (2 Meister, 2 Gehilfen), 3 Holländermühlen (3 Meister, 3 Gehilfen) und eine Getreidemühle mit 2 Mahlgängen ausgewiesen.[29] Im Jahr 1860 gab es in Wittenberge gleichzeitig drei Bockwindmühlen und drei Holländer-Windmühlen. 1889 standen auf dem sogenannten Mühlenberg an der Lenzener Straße[30] drei Windmühlen[31]. Die Witwe des Mühlenmeisters Seefluth hatte eine „holländische Windmühle" und eine Bockwindmühle laut Kaufvertrag vom 03.04.1876 an den Rentier **Carl Minte**, Groß Wanzer, verkauft.[32]

Eine Windmühle an der Müllerstraße 13 wurde 1889/90 abgebaut und in Weisen nahe der Bahnstrecke wiedererrichtet[33]; eine bisher bestehende hölzerne Verbindungsbrücke zwischen zwei Windmühlen wurde dadurch überflüssig und entfernt.

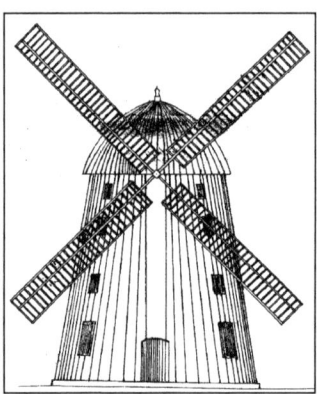

Abb. 3 Ansicht der 1885 durch Mühlenmeister Hermann Nachtigall auf dem Grundstück der Lenzener Straße 53 neu erbauten Holländer-Windmühle.[34]

Die letzte Windmühle von Wittenberge[35] wurde 1926/27 abgebrochen.

In der Wahrenberger Straße befand sich um 1800 eine **Rossmühle (Göpelmühle)** im Besitz **des Mühlenmeisters G. J. Lucas**; er besaß dort Stallungen für mehr als 30 Pferde. Das Mahlwerk wurde durch unablässig im Kreise gehende Pferde angetrieben. Das Gebäude dieser Rossmühle wurde erst 1968 abgebrochen. Damit verschwand leider ein Baudenkmal aus unserer Stadt.

Auch die **Herzsche Ölfabrik**[36] hatte bei ihrer Errichtung 1823 ursprünglich einen Göpelantrieb, der Mahlwerk und Schlegelpressen in Gang setzte. 1834 wurden von **Salomon Herz**, dem Gründer der Ölmühle, dafür ca. 80 Pferde gehalten, von denen jeweils 24 gleichzeitig im Göpelwerk gingen. Am 13.11.1837 kaufte Salomon Herz von der Stadt *„ein Revier auf der sogenannten Edelmanns-Mäsche ... zur Anlage eines Canals ... zum Treiben einer Wasser-Mühle"* für seine Ölfabrik. Erst nach Fertigstellung des Herzschen Kanals 1839 ersetzten drei oberschlächtige Wasserräder[37] den bisherigen Antrieb. Die Wasserräder der Wittenberger Ölmühle des Salomon Herz wurden 1884/85 durch moderne Turbinen ersetzt.[38] Eine solche Turbine wurde nach der endgültigen Stillegung der Ölfabrik bei Aufräumungsarbeiten im Jahre 1994 zutage gefördert und stellt ein technisches Denkmal dar.[39]

Schon für 1693 wird ein Schiffsmüller zu Wittenberge, Joachim Haverlandt, erwähnt.[40] Der bereits genannte Wittenberger **Ratmann Mühlenmeister Lukas** betrieb Anfang des 19. Jahrhunderts mehrere Jahre lang ebenfalls eine **Schiffsmühle**[41] auf der Elbe am großen Werder. Schiffsmühlen wurden an größeren Flüssen immer an natürlichen Engstellen verankert, da sie eine möglichst große Fließgeschwindigkeit für das Betreiben ihres Wellrades benötigten. Als diese Mühlen mehr und mehr zu Hindernissen für die sich entwickelnde Dampfschifffahrt auf der Elbe wurden, kaufte sie der Staat auf, um sie stillzulegen. Die letzte Wittenberger Schiffsmühle[42] wurde 1862 durch Eisgang völlig zerstört. Ihr Wiederaufbau wurde dem Betreiber aus vorgenannten Gründen versagt. Er erhielt eine staatliche Entschädigung von 1 500 Reichsthaler.

In der Mühlen-Literatur wird auch von einer **Eisenbahn-Windmühle**[43] berichtet. Als deren Erfinder wird **Mühlenbaumeister Friedrich Wiebeck sen.** genannt, der 1887 sein Bürgergeld in Wittenberge bezahlt hatte und hier in der Wilhelmstraße 7 sein Haus baute und dort wohnte. Genaueres über seine Tätigkeit konnte leider bisher nicht ermittelt werden.

Die Vielfalt von Mühlen, Mühlenstandorten und Nachrichten aus der Stadtgeschichte mag die Berechtigung zeigen, die Mühlen unserer Stadt auf dem Entwicklungsweg Wittenberges zu einer Industriestadt besonders zu erwähnen.

2. Salomon Herz leitete in Wittenberge die „industrielle Revolution" ein.

Abb. 4 Die Herzsche Ölmühle

Der Kaufmann Salomon Herz[44] (18.05.1794-16.07.1865), in Bernburg gebürtig, entstammte einer anhaltinischen Familie. Er hatte 1823 in Berlin eine Getreidehandlung gegründet. Im gleichen Jahr erwarb er in Wittenberge ein Dünengrundstück und nach Erteilung der entsprechenden Konzession wurde hier mit dem Aufbau einer Ölfabrik und der Einrichtung einer Ölhandelsgesellschaft[45] der ersten in Deutschland, begonnen.[46] Ein großes Anbaugebiet für Ölfrüchte (Lein, Raps[47], Rübsen) lag im unmittelbaren Umfeld der Stadt, ungelernte Arbeiter für das neue Industrieunternehmen standen in ausreichender Anzahl zur Verfügung und die günstige Lage Wittenberges unmittelbar an der Elbe, das waren wahrscheinlich die ausschlaggebenden Gründe für die Wahl dieses Standortes durch den Kaufmann Salomon Herz, der damit kaufmännischen Weitblick und Unternehmungsgeist bewies, nachdem bereits 1806 in Preußen die Gewerbefreiheit eingeführt und 1820 die sog. Mühlengerechtigkeiten aufgehoben worden waren. Nach Aufhebung dieser Schranken ging Salomon Herz „als einer der ersten Juden vom Handel zur Produktion über."[48]

Die damals in Leipzig erscheinende „Illustrirte Zeitung", Nr. 437 vom 31. Oktober 1851, schrieb in einem ausführlichen Artikel über die neue Wittenberger Eisenbahnbrücke über die Elbe u.a. zur Herzschen Ölfabrik:

„Die Fabrik liegt bei dem Städtchen Wittenberge, also hart an der Elbe, und zwar an derem rechten Ufer. Dem einigermaßen aufmerksamen Auge des Rei-

senden, gleichviel ob er die Berlin-Hamburger oder die Magdeburg-Wittenberger Bahn benutzt, ist sie am Orte wohl kaum entgangen. ... "

Für Wittenberge war es die erste industrielle Anlage überhaupt, die hier errichtet wurde. Wittenberge hatte damals etwa 1 000 Einwohner. Nun war mit der Firmengründung ein ganz wesentlicher Grundstock für eine weitere städtische Entwicklung unseres Heimatortes gegeben.[49]

Über den Erbauer der Ölfabrik, Zimmermeister Barth aus Wittenberge, fand Bürgermeister Anton sehr lobenswerte Worte, er nannte ihn *„einen vorzüglichen Bausachverständigen, der die so kunstreich und nützliche Fabrikanlage ganz allein errichtet und die Wasserleitung zu derselben dirigiert habe, nachdem er schon vorher eine Ölfabrik für den Kammerherrn von Jena zu Nettelbeck errichtet hatte".[50]*

Das Produktionsverfahren zur Ölgewinnung war zunächst äußerst einfach, es wurde Handarbeit geleistet. Nach der Reinigung der Ölfrüchte, d.h. ihrer Befreiung von unerwünschten Beimengungen, wurden die Raps- und Rübsensamen zerstampft bzw. gemahlen. Der gewonnene Brei wurde in Tücher verpackt und zwischen Stein- oder Metallplatten ausgepresst. Das so gewonnene Rohöl wurde sodann durch Leinentücher geseiht, um Verunreinigungen zurückzuhalten.

Die Ölsaaten wurden aus der Prignitz, der Altmark, aus Mecklenburg und Holstein herbeigeschafft.[51] Die Elbe war der geeignete Transportweg dafür. Aber auch Importe aus Rumänien, Russland und gar aus Indien wurden bald in Wittenberge verarbeitet.

Die in Kähnen auf der Elbe eintreffenden Saaten mussten in Säcken von je zwei Zentner Gewicht über einen schmalen Bootssteg an Land getragen und so auch in den Speicher weitertransportiert werden. Dort wurden sie entleert. Neben erheblicher körperlicher Anstrengung waren für diese Entlade- und Einlagerungstätigkeit auch Übung und Geschicklichkeit erforderlich. Die Sackträger mussten beim Überschreiten des Bootssteges dessen Schwankungen abfangen, um nicht ins kühle Naß zu fallen. Die mit dieser Tätigkeit Beschäftigten waren in Wittenberge allgemein als die „Garde der Sackträger" bekannt. Nach erledigter Arbeit fanden sie sich häufig in den naheliegenden Gaststätten ein, um den inhalierten Saatenstaub mit Bier und Schnaps hinunterzuspülen.[52]

Das in der Wittenberger Ölfabrik erzeugte Rohöl wurde damals überwiegend für technische Zwecke, etwa für Leucht- und Schmierzwecke, verwendet, nur in kleinen Mengen veredelte man es zu Speiseöl weiter. Der anfallende Ölkuchen[53] war ein begehrtes Futtermittel.

Eine noch produktivere Rohölpresserei wurde durch die Einführung von Schlegelpressen[54] erreicht. Im Jahre 1827 baute man dann hydraulische Pressen ein. Sie wurden durch Göpelwerke von jeweils 24 der etwa 60 firmeneigenen Pferde in pausenlosem Tag- und Nachteinsatz betrieben und über Transmissionen wurde

11

die Mechanik der Pressen in Bewegung gesetzt. Zu dieser Zeit hatte die Herzsche Ölmühle etwa 50 Beschäftigte.

„*Am 1. September 1845 wurde der große Speicher in Wittenberge feierlich eingeweiht. Zum Richtfest fuhren Verwandte und Freunde aus Berlin und Hamburg in vierspänniger Extrapost nach Wittenberge. Die Feier wurde zu einem Volksfest für ganz Wittenberge und zeigte ein schönes Bild der patriarchalischen Verhältnisse dieser verklungenen Zeit.*"[55]

Dass Salomon Herz als späterer Großaktionär der Berlin-Hamburger und der Magdeburg-Wittenberger Eisenbahngesellschaften im Interesse seiner Wittenberger Ölfabrik auch auf die Streckenführung der Berlin-Hamburger Eisenbahn über Wittenberge[56] und auf die Errichtung der Eisenbahnlinie von Magdeburg nach Wittenberge (einschließlich den Brückenbau über die Elbe) maßgeblich Einfluss nahm, ist verständlich.

Abb. 5 „Die Oel-Mühle zu Wittenberge"

Am 13. November 1837 kaufte Salomon Herz von der Stadt „ein Revier auf der sogenannten Edelmanns-Mäsche[57] ... zur Anlage eines Canals ... zum Treiben einer Wasser-Mühle."

In den Jahren 1838-1839 wurde dann eine etwa drei Kilometer lange und 12-15 Meter breite Wasserverbindung zwischen der Stepenitz bei Klein Breese und dem bis 1835 entstandenen Wittenberger Elbehafen gebaut. An seinen sehr niedrig gelegenen Stellen wurde der Kanal mit kleinen Deichen zum Schutz der Wiesen vor Hochwasser versehen. Den Kanal überquerten drei Brücken. Zu seiner Wasserregulierung wurde in der Nähe der Straße zwischen Wittenberge und Klein Breese eine kleine Wehranlage errichtet. Dieser sogenannte **Herzsche**

Kanal diente als Mühlengraben für drei oberschlächtige Wasserräder, die nun den Pferdebetrieb ablösten und je 16 Pressen betätigten. Damit trat eine weitere Modernisierung der Ölproduktion in Wittenberge ein.[58]

Der Kanal selbst entwässerte gleichzeitig sumpfiges Gelände innerhalb der Stepenitzwiesen und erhöhte so deren Nutzungsgrad.[59] Dadurch erzielten zum Beispiel die Kirchengemeinden Wittenberge und Weisen eine jährliche Mehreinnahme von 400 Talern. Andererseits besagt eine Aktennotiz in der Personalakte des **Rektors und Hilfspredigers Otto Wilhelm Langheinrich**[60]: *„Der hiesige Ölfabrikbesitzer S. Herz hat die Wiese[61] durch die Canalgrabung geschmälert und sich verpflichtet, jährlich 25 Thaler Pacht zu zahlen, welche später auf einen Erbpachtcanon von 27 rt 10 sgr[62] festgesetzt ist und zu Johannis fällig wird."*

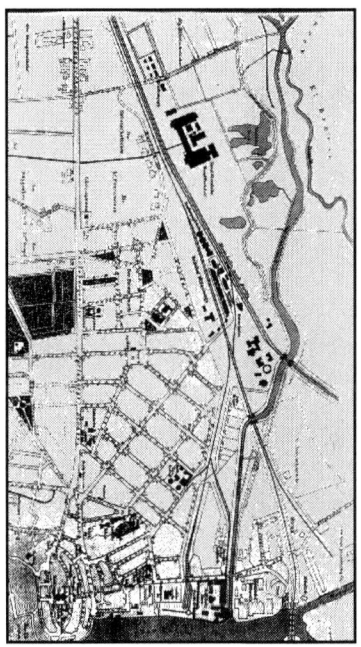

Abb. 6   Der Verlauf des Herzschen Kanals

Der Wittenberger **Bürgermeister Salomon Anton**[63] schrieb damals voller Stolz in einem Bericht:

„Die Fabrik, welche der Kanal betreibt, ist die vorzüglichste und größte in ganz Europa. Ihre drei großen Wasserräder lassen keinen Tropfen unbenutzt. Eins von diesen Rädern ist hinreichend, um 16 hydraulische Pressen in Bewegung zu setzen, welche in 24 Stunden 16-18 Wispel[64] Obstkerne verarbeiten, und es ist zu erwarten, daß Verbesserungen folgen. Der Betrieb bringt vielen Leuten Brot.

13

Ebenso bringt der Anbau der Obstkerne und der Absatz aller Produkte dem Landmann viele Nahrung. An Nützlichkeit übertrifft daher diese Fabrik jede andere. Ebenso erhielten durch den Bau des Kanals viele Leute Arbeit und Verdienst. ..."[65]

In einem Zeitungsbericht[66] über die Generalversammlung der Ent- und Bewässerungsgenossenschaft Weisen am 24. März 1933 wurde mitgeteilt, dass es bei Anwesenheit zahlreicher Interessenten zu einer längeren Debatte über den Antrag der Wittenberger Ölmühle, den Herzschen Kanal eingehen zu lassen, da er von der Firma nicht mehr benötigt werde, gekommen war. Speziell ging es um die Übernahme des in der Stepenitz befindlichen Stauwehres. Weil der Kanal aber bisher ein mehrere hundert Quadratkilometer weites Gebiet entwässert habe und auch im Verzeichnis der Wasserläufe zweiter Ordnung aufgeführt wäre, wollten sich die Vertreter der genannten Genossenschaft nicht mit der Schließung des Kanals einverstanden erklären. Es kam zwar zu einer vorläufigen Einigung, noch nicht aber zu einer endgültigen Lösung des Problems.

Als in den dreißiger Jahren in der Stadt heftig über die Beseitigung des Herzschen Kanals in der Regionalpresse diskutiert wird, schriebt Rudolf Lippert[67]:

„Ein jeder Wittenberger kennt ihn, diesen idyllisch anmutenden Kanal, der von der Stepenitz bis zum Hafen geht. ... Nun soll das Schicksal des Herzkanals endgültig entschieden sein. Wie wohl unsere Werkfreundleser bereits gehört haben, ist beabsichtigt, den Kanal zuzuschütten. Dieses Ende wäre im Interesse unserer mit Naturschönheiten nicht gerade überaus gesegneten Stadt recht zu bedauern. Wer sich schon einmal auf dem Kanalufer zwischen der Herz- und der Magdeburger Bahnbrücke aufgehalten hat, wird wissen, einen wie schönen Anblick der Kanal hier bietet. Man könnte zuweilen denken, daß man sich im Spreewald befände. Auf beiden Seiten eingerahmt von hohen Bäumen, die mit ihrem dichten Blätterdach den Kanal beschatten, könnte er einen etwas mit Phantasie begabten Naturfreund zu dieser Annahme führen. Außerdem ist noch ein sogenannter tauber Nebenarm des Kanals vorhanden, der an seinen geschlossenen Enden mit einer Unmenge von Seerosen bewachsen ist. Ein idyllischer Anblick, wenn sie erblüht sind!

Alle diese Schönheit wäre unwiederbringlich dahin, wenn das Projekt, den Kanal zuzuschütten, voll und ganz durchgeführt würde. Es liegt dann auch die Gefahr vor, daß der schöne Baumbestand ein Opfer der Zeit wird, was wir jetzt schon auf der Kanalstrecke zwischen der Berliner und der Magdeburger Brücke sehen können. Es wäre sehr zu begrüßen, wenn sich hierfür einmal die maßgebenden Stellen interessieren würden, um einen Teil des Herzkanals in Form eines kleinen Teiches dem Stadtbilde zu erhalten."

Aber es half alles nichts. Modernere Antriebsmittel für die Ölmühle machten den Kanal wirtschaftlich überflüssig. 1937/38 wurde der Herzsche Kanal zugeschüttet.[68]

14

1848 stellte man einen Dampfkessel in der Ölfabrik auf, dessen Inbetriebnahme sich günstig auf das Produktionsverfahren auswirkte. Dampf wurde beispielsweise zum Erwärmen der Saaten benötigt, bevor sie anfänglich mit 50 atü und später mit 320 atü unter Hochdruck ausgepresst wurden. Der Restölgehalt der Ölkuchen[69] lag bei Raps nun immer noch zwischen 6-8%.

Das Jahr 1856 wurde für das Herzsche Unternehmen zu einem Schreckensjahr. Am 24. Februar 1856, abends 7 ¼ Uhr, kam es zu einem Großfeuer in der Ölfabrik. Das Feuer fand in den gestapelten Ölsaaten reiche „Nahrung". Durch die abfließenden brennenden Öle glich der Wittenberger Elbehafen einem einzigen Flammenmeer, nachdem die im Hafen liegenden Schiffe ihre Liegeplätze in panischer Flucht verlassen hatten, auf die offene Elbe auswichen, um Menschen, Schiffe und Fracht in Sicherheit zu bringen. Der Schreckensruf: „Die Elbe brennt!" beherrschte die Stadt. Die durch den Großbrand entstandene Hitze war so groß, dass sich durch die entstehenden Winde die Flügel der nördlich der Mühlenstraße[70] stehenden beiden Windmühlen in Bewegung setzten. Das Feuer dauerte mehrere Tage, der Feuerschein war bis nach Magdeburg zu sehen. Sämtliche Fabrikationsanlagen der Wittenberger Ölfabrik wurden vollständig zerstört. Die später gezahlte Entschädigung durch die Versicherungsgesellschaft betrug 247 175 Mark.[71]

Abb. 7

Kommerzienrat Wilhelm Herz

Noch im Jahre des großen Brandes begann der Wiederaufbau der Herzschen Ölfabrik, größer und praktischer als zuvor, durch den in Wittenberge ansässigen Bauunternehmer Georg Krause. Die heute zum Teil noch stehenden Gebäude in sehenswerter preußischer Backsteinbauweise, wie zum Beispiel der große Speicher mit seinem Giebel zur heutigen Bad Wilsnacker Straße, entstanden damals. Es folgten 1857 das Beamtenwohnhaus entlang der Mühlenstraße[72]; 1859 das Wohnhaus der Besitzer der Ölfabrik am Hafen, später als Verwaltungsgebäude genutzt.

Auch in den folgenden Jahren wurde das Gebäudeensemble (für Produktion und Speicherung) ständig ergänzt. Das zeugt vom jahrzehntelang florierenden Geschäft der Ölmühle in Wittenberge.

Salomon Herz starb am 16. Juli 1865 in Berlin. Ludwig Herz[73] schrieb in seiner Familienchronik über ihn: *„Salomon war ein selfmade man in des Wortes bester Bedeutung, von nie rastendem Fleiß und strengster Redlichkeit, aber wie viele Männer eigener Kraft kantig und scharf, nicht gewillt, seine Stimmungen und sein Temperament zu zügeln. ..... Aber in der oft rauen Schale steckte ein gütiger Kern."*[74]

Um die Mitte des 19. Jahrhunderts waren bereits die Söhne des Salomon Herz, **Wilhelm** (* 26.04. 1823 in Bernburg)[75] und **Hermann**[76] (* 14.01.1827 in Bernburg), Mitinhaber der Firma.

Wilhelm Herz hat am 27. Februar 1857 geheiratet und verlebte seine Flitterwochen *„in dem an die Mühle angrenzenden geräumigen Wohnhaus in Wittenberge, wohnte aber dann in Berlin. Nach dem Vorbilde seines Vaters führte Wilhelm Herz ein „Ma.asserkonto" („Armenzehnt"). „Wilhelm Herz hat der Firma S. Herz, den ,Ölherz', ihren Weltruf geschaffen."*[77]

Am 01. März 1859 wurde in der Herzschen Ölmühle eine Unterstützungskasse für Fabrikarbeiter der Firma S. Herz, also eine Betriebskrankenkasse, gegründet.[78]

Die Wittenberger Polizeiakten des Jahres 1863 berichten u.a., dass in der Nacht vom 3. zum 4. Oktober der Arbeiter Muhs durch einen Sturz auf ein Wasserrad in der Herzschen Ölfabrik sein Leben einbüßte.

Im „Kreisblatt für die Westprignitz" wurde am 20. Juli 1878 annonciert, dass in der Ölfabrik in Wittenberge noch Arbeiter eingestellt werden.

Anlässlich des *„Dreihundertjährigen Jubelfestes der Schützengilde zu Wittenberge am 2. und 3. Juli 1882"* schenkte der *„Geheime Kommerzienrat Herr Wilhelm Herz, Berlin, in Folge der an ihn ergangenen Einladung der Gilde eine kostbare in Handstickerei sauber gearbeitete Fahne".*[79]

1884 wurden die Wasserräder der Wittenberger Ölfabrik durch Turbinen ersetzt.[80]

Herz kaufte die zweite in Wittenberge, von **Gänicke & Becker** errichtete, Shoddyfabrik auf und nutzte das Grundstück zur Erweiterung seines Werksgeländes.[81] 1885 waren die nun vorhandenen Gebäude der Ölmühle mit insgesamt 1 017 300 Mark versichert.

Abb. 8 Die Herzsche Ölfabrik um 1885

Ein Teil des Rohöles wird im eigenen Betrieb unter Zusatz von Chlorschwefel zu Faktis verarbeitet, einem Füllstoff für die Produktion von Gummi, Linoleum und Isolierstoffen in der Herzschen Gummifabrik in Berlin-Köpenick. Die Herstellung dieses Produktes war mit außerordentlich unangenehmen Gerüchen verbunden, welche die Umgebung stark belasteten. Zur Ölfabrik gehörte auch eine Putzpomade-Abteilung. Putzpomade wurde aus Olëin, einem feinen Schmirgelmittel sowie weiteren Zusätzen hergestellt. Hauptabnehmer dieses Erzeugnisses waren damals deutsche und ausländische Eisenbahngesellschaften.

Bereits 1894 wurde eine gut organisierte Fabrikfeuerwehr in der Ölfabrik von Herz gegründet.

Der **Geheime Kommerzienrat Wilhelm Herz** war einer der beiden Berliner Juden, denen der Titel Excellenz verliehen wurde. In Berlin, seinem Wohnsitz, wurde er 1889 Vizepräsident, 1895 Präsident der Ältesten der Kaufmannschaft, deren Mitglied er seit 1866 war, dann Präsident der durch Gesetz vom 19.08.1897 errichteten Handelskammer. Er war auch Mitbegründer der Berliner Schultheiß-Brauerei AG und führendes Mitglied einiger Berliner Bankunternehmungen. Am 01. April 1890 wurde Wilhelm Herz zum Ehrenbürger der Stadt Wittenberge ernannt.

Für 1896 sind folgende Gesellschafter der Firma ausgewiesen[82]: **Wilhelm Herz, Hermann Herz, Paul Herz und Max Herz.**[83]

Am 01. Juli 1900 trat der junge **Chemiker Dr. phil. Arthur Loeb** in die Herzsche Familien-G.m.b.H. ein. 1921 heiratete Loeb die seit 1915 in den Ölwerken tätige Laborantin Fanny Richter. Sie hatte während der Kriegsdienstleistung von Dr. Loeb die Laboratoriumsarbeit im Betrieb ausgeführt. Der jüdische Chemiker

17

Dr. Loeb[84], vor 1933 in der Deutschen Demokratischen Partei organisiert, hatte die Herstellung von Margarine aus deutschen Ölpflanzen durch Entbitterung mit Benzol als Katalysator erfunden.

Im Jahre 1906 ruhte die Produktion in der Ölmühle von April bis Juli wegen Mangel an Rohmaterial. Am 27. Mai 1907 begannen Arbeiter der Ölfabrik einen Streik um höhere Löhne. Der Streik dauerte mehrere Wochen. Bis 1911 hatte sich die Beschäftigtenzahl auf ca. 150 erhöht. 1912 gab es 250 Beschäftigte in der Ölmühle.

Aus einem Bericht der Herzschen Ölmühle von 1911[85] geht hervor:

„Täglich werden etwa 80 t Ölsaaten gepresst. Der Wert der verarbeiteten Saaten beträgt damals 200 bis 300 Mark je Tonne. Die gewonnenen ca. 30 t Rüböl haben einen Wert von 45-60 Mark je 100 kg und 50 t Rapskuchen dürften für 9-11 Mark je 100 kg gehandelt werden.“

Am 28. September 1914 starb der Ehrenbürger von Wittenberge, Geheimer Kommerzienrat Wilhelm Herz in seinem 92. Lebensjahr. Inzwischen waren die Hauptinhaber des Herzschen Familienunternehmens Max Herz, Sohn des Geheimen Kommerzienrates Wilhelm Herz, und Hans Herz[86].

Auf Anordnung eines „Kriegsausschusses für Ersatzfutter“ wurde im Mai 1917 eine Schilfmehlanlage[87] aufgebaut. Schilfmehl wurde Natronlauge zugesetzt. Daraus presste man Pferdefutterkuchen. Jedoch brannte diese Produktionsstätte bereits 1918 ab, wahrscheinlich durch Selbstentzündung.

In dem am 09.11.1918 gebildeten Arbeiter- und Soldatenrat der Stadt Wittenberge war auch die Arbeiterschaft der Ölfabrik vertreten. Nach dem Ersten Weltkrieg hatte die Ölmühle etwa 80 Betriebsangehörige. 1921 organisierte ein Mitglied des Betriebsrates der Ölmühle einen Streik um Erhöhung der Löhne. Dieser Streik wurde aber von der Gewerkschaftsführung nicht unterstützt.

Am 07. Februar 1927 wurde der Firma **„S. Herz G.m.b.H.“** für deren Grundstück Packhofstraße 28 die Erlaubnis zur Errichtung einer Firnis-Siederei erteilt. Die Abwässer der Anlage waren in den städtischen Schmutzwasserkanal abzuleiten.

Vielfältige Gründe, wirtschaftspolitische[88] und persönliche der neuen Besitzer, führten in den folgenden Jahren zu einer krisenhaften Entwicklung des Unternehmens. In einem am 19.07.1929 vor dem Notariatsgericht in Berlin verhandelten Gesellschaftsvertrag verzichtete der derzeitige Geschäftsführer der „S. Herz G.m.b.H.“, **Kaufmann Max Edmund Herz**, Berlin, Friedrich-Ebert-Straße 24, auf seine bisherige Tätigkeit.

Am 19.07.1929 wurde die „**S. Herz Ölfabriken Aktiengesellschaft Wittenberge**" gegründet. Zur Verhandlung vor dem Notariatsgericht in Berlin waren dazu erschienen: der **Kaufmann Max Edmund Herz**, Berlin, als derzeitiger Geschäftsführer der bisherigen „S. Herz G.m.b.H.", der **Kaufmann Rudolf Nathan**, Berlin, der **Regierungsrat a.D. Heinrich Roever**[89], Dresden, der **Kaufmann Luis Roever**[90], New York, der **Gerichtsassessor Dr. Harald Wurzel**, Berlin, und der **Notar Dr. Max Lion.**[91]

Abb. 9   Luis Roever (um 1921)

Die in Berlin ansässige Aktiengesellschaft wurde mit einem Grundkapital von 1.200.000 RM ausgestattet, wofür 1.200 Aktien ausgegeben wurden.[92] Der Gesellschaftsvertrag legte auch fest, dass das Grundkapital wie folgt aufgebracht werden sollte: aus der bisherigen „S. Herz G.m.b.H." 1 196 000 RM, durch Rudolf Nathan 1 000 RM, durch Heinrich Roever 1 000 RM, durch Luis Roever 1 000 RM und durch Harald Wurzel 1 000 RM.[93]

Der erste Aufsichtsrat der AG setzte sich wie folgt zusammen: Max Edmund Herz, Berlin, Kommerzienrat Alfred Zielenziger, Berlin-Charlottenburg; Kaufmann Dr. Arthur Herz, Berlin.[94]

Der Vorstand der neuen Aktiengesellschaft bestand aus: Kaufmann Luis Roever[95], Regierungsrat a.D. Heinrich Roever, Dresden, und Kaufmann Rudolf Nathan, Berlin.[96]

Im unmittelbaren Anschluss an die Gründung der Aktiengesellschaft wurde in einem Anstellungsvertrag für **Luis Roever** dessen Jahresgehalt auf 1 580 Dollar[97] festgelegt. Wegen der damaligen ungünstigen Geschäftslage und den dadurch eingetretenen Verlusten der Firma nahm Roever dies Gehalt jedoch nicht voll in Anspruch.[98]

In die Aktiengesellschaft wurden sieben Grundstücke (Wert: 1 115 000 RM) eingebracht, auf denen eine Hypothek von 300 000 Goldmark lastete.

Zu den übernommenen Lagerbeständen gehörten u.a.

3 538 kg	Rüböl
2 400 kg	Leinöl
434 kg	Leinöl (in der Firnisfabrik)
661 kg	Firnis
885 kg	indischer Raps
49 132 kg	Rapskuchen aus deutscher
394 000 kg	Rapskuchen aus indischer
4 662 kg	Faktis
1 279 kg	Paraffinöl

Auch diese Aktiengesellschaft arbeitete in den ersten Jahren mit Verlusten. Bis 1931 trat ein Verlust von 230 187 RM ein. Die schon 1932 und 1933 erwirtschafteten Gewinne reichten noch nicht aus, um den Verlustvortrag von 1931 in voller Höhe zu decken. In den Folgejahren bis 1936 wurde jedoch ein Gewinn von 672 810 RM erzielt. Dem versierten Kaufmann Luis Roever war es zweifellos gelungen, den Betrieb wieder in Schwung zu bringen und eine Reihe technischer und baulicher Veränderungen im Interesse von Effektivität und Rentabilität durchzuführen. In der Presserei zum Beispiel wurden anstelle der veralteten Seiherpressen moderne Schneckenpressen eingesetzt. Das Kesselhaus wurde mit einem neuen Kessel mit Wurfbeschickern ausgerüstet. Das Tanklager wurde erheblich vergrößert und die Raffinerie erweitert und modernisiert.[99]

In den Jahren 1932/1933 arbeitete die Presserei im Vier-Schicht-Rhythmus, d.h. jede Schicht hatte eine verkürzte Arbeitszeit von 6 Stunden, um die Arbeitslosigkeit abzubauen.

Auf Grund des „Gesetzes zur Ordnung der nationalen Arbeit" wurde 1934 für den Betrieb eine Betriebsordnung erlassen. Danach erfolgten Einstellungen durch den Führer des Betriebes. Alle Arbeiter (mit Ausnahme der Handwerker)[100] waren verpflichtet, alle ihnen aufgetragene Arbeiten auszuführen. Sämtliche Arbeiter wurden mit der Bedingung eingestellt, daß ihr Arbeitsverhältnis nur solange dauerte wie Saat zur Vermahlung vorhanden war. In der Raffinerie und Firniskocherei wurde in 3 Schichten gearbeitet. In der Presserei wurde in 4 Schichten gearbeitet, und zwar ohne Pause. Bei Verspätungen bis zu 10 Minuten wurden 0,50 RM vom Lohn in Abzug gebracht. Bei Aufnahme der Arbeit hatte jeder Arbeiter mit sauberen Händen zu erscheinen, besonders beim Verlassen des Aborts waren die Hände in den vorhandenen Waschvorrichtungen zu reinigen. Die Meister hatten die strengste Innehaltung dieser Vorschrift zu überwachen und jede Zuwiderhandlung, die bestraft wurde, der Betriebsleitung zu melden.[101]

In nachstehenden Fällen sollte eine sofortige Entlassung gerechtfertigt sein: Wiederholtes Zuspätkommen oder 2 Tage unentschuldigtes Fehlen; wiederholte

Trunkenheit während der Arbeitszeit; Rauchen auf dem Fabrikgelände, in den Fabrikationslagern und Arbeitsräumen.

Die Arbeitsordnung trat am 10. Mai 1934 in Kraft.[102]

1934 erfolgte der Bau der ersten großen Tankstelle in den Märkischen Ölwerken (MÖW). Der Gesamtwarenumschlag der MÖW auf der Elbe betrug in diesem Jahr 46 000 t.

Nachdem mit dem 31.12.1935 wieder ein Anstellungsvertrag mit Luis Roever beendet war, stellt dieser folgende Forderungen an den Betrieb bzw. die Generalversammlung der Aktiengesellschaft:

• Erhöhung seines Gehaltes auf die ursprünglich vereinbarte Höhe von jährlich 36 000 RM;

• Wegfall der pauschal festgesetzten Tantieme und Vereinbarung einer solchen auf Basis der verarbeiteten Saatenmenge;

• Übernahme der Kosten für den Kraftwagen und der Unterhaltung der Grünflächen, der Gartenanlage und des unbebauten Terrains.

Der Betrieb zahlte 1935 6% und 1936 8% Weihnachtsgratifikation[103], bezogen auf den Jahresverdienst, an seine Beschäftigten. 1937 erfolgte eine Gewinnausschüttung von 30 000 RM.[104]

1936 erfolgte die Aufnahme der Produktion von Kunstharzlacken. Ein Vergleich von Produktionswerten 1929/1936 zeigt erreichte Betriebsergebnisse:

	1929	1936
Saatverarbeitung	6 224 t	22 016 t
Ölveredelung	---	4 119 t*)

*) Hierin waren enthalten: 1 314 t Lackleinöl, 267 t Standöl, 1 349 t Firnis, 1 179 t sonstige Öle.[105]

Die Entwicklung der Brutto-Verkaufserlöse der Aktiengesellschaft zeigte folgendes Bild:

1929	1 831 073,39 RM
1930	3 758 368,94 RM
1931	4 594 788,14 RM
1932	4 031 746,70 RM
1933	4 077 506,72 RM
1934	4 635 289,24 RM
1935	4 423 802,66 RM
1936	5 959 361,65 RM

Die Löhne und Gehälter waren zu dieser Zeit allerdings sehr niedrig. Ein Pressereiarbeiter erhielt einen tariflichen Stundenlohn von 0,57 RM. Die Arbeit wurde im Leistungslohn nach einem Prämiensystem durchgeführt. Die Prämie betrug pro Schicht ca. 2,90 RM, sie war abhängig von der Anzahl der durchgeführten Pressungen. Frauen hatten einen Stundenlohn von 0,37 RM, der Vorarbeiter erhielt 0,70 RM, der Schichtschlosser 0,85 RM als Stundenlohn.

Saatenverarbeitung:

Jahr	Leinsaat	Raps,	Raps, ind.	Erdnüsse	Total
1934	14 543 129	3 713 783 kg	4 698 641 kg	---	22 955 553
1935	11 859 655	6 696 760 kg	703 722 kg	---	19 260 137
1936	8 779 352	7 528 460 kg	3 363 570 kg	2 345 110 kg	22 016 492

Wertmäßige Bestände an Fertigerzeugnissen:

31.12.1934	733 000 RM
31.12.1935	854 000 RM
31.12.1936	1 110 469 RM

Abb. 10   Die Ölmühle in Wittenberge um 1938

Am 29. August 1939 wurde in der „S. Herz Ölfabriken Aktiengesellschaft Wittenberge" eine „Bekanntmachung für das gesamte Personal" dieses Betriebes veröffentlicht. Darin hieß es:

„Mit Beginn der Kriegsbereitschaft bin ich durch Verfügung zum alleinhaftenden Führer des Betriebes und zum Alleinberechtigten zur Festsetzung der Arbeitsbedingungen geworden. .....gez. Louis Roever".[106]

1940 wurde in der Ölfabrik der Aufbau der ersten Extraktionsanlage[107] mit einem sog. Hildebrandt-Turm abgeschlossen. Die Investitionssumme betrug: 60 Mio RM. Damit war ein moderner Industriebetrieb entstanden. In der Produktionsanlage waren je Schicht 1 Schichtführer, 1 Vorpresser, 1 Nachpresser, 1 Filterrei-

22

niger, 1 Walzenfahrer, 1 Turmfahrer, 1 Destilleur, 1 Vorarbeiter, 1 Lezithinkocher und 2 Absacker eingesetzt. Anfangs bereitete die Bedienung der neuen Extraktionsanlage naturgemäß einige Schwierigkeiten. Die Produktionsarbeiter mussten erst mit der neuen Technologie vertraut werden. Eine zweite Extraktionsanlage war schon damals in Aussicht genommen, konnte aber bis zum Beginn des Zweiten Weltkrieges nicht mehr fertiggestellt werden.[108]

Eine Reihe von staatlichen Reglementierungen behinderten die Ölproduktion. 1933 war ein Reichsmonopol für Ölsaaten, Öle und Ölkuchen eingeführt worden. Wegen einer angespannten Devisenlage musste sich der Betrieb größere Zurückhaltung bei der Beschaffung und Verarbeitung der Rohmaterialien auferlegen. Im Dezember 1934 wurde der Einkauf aller ausländischen Ölsaaten der „Deutschen Ölmühlen-Rohstoffe G.m.b.H." übertragen. Im folgenden Jahr wurde die Versorgung mit ausländischen Saaten schon bedeutend eingeschränkt. Sämtliche Ölverkäufe mussten vorher genehmigt werden, ein einheitlicher Grundverkaufspreis war vorgeschrieben. 1936 wurden wieder die Verarbeitungsziffern von 1934 erreicht, da eine günstige deutsche Rapsernte hierfür die Bedingungen geschaffen hatte. Der Lagerbestand an Ölsaaten stieg erheblich an. Aber schon das folgende Jahr 1937 verschlechterte durch eine wesentlich geringere Rapsernte das Gesamtbetriebsergebnis in erheblichem Umfang. Besser war die Rohstofflage 1938, aber die von den Reichsstellen vorgeschriebene erhöhte Lagerhaltung ließ die Bankschulden außerordentlich ansteigen. So wurde das Jahr 1939 durch verschiedene Umstände zu dem ersten Jahr seit der Gründung der Aktiengesellschaft, das jetzt mit Verlusten abschloss. Ähnlich war es dann auch 1940, als infolge Rohstoffmangels nur drei Monate lang Ölsaaten verarbeitet werden konnten. Devisen mussten für die Aufrüstung und die Kriegskosten bereitgestellt werden.[109]

Ab Oktober 1942 lautete der Firmenname: **„Märkische Ölwerke AG Wittenberge"[110]**

Nach einer zentralen Anweisung betrugen die Löhne am 14.12.1942 in den hiesigen Ölwerken:

	Eintrittslohn	Höchstlohn
Hofarbeiter	0,62 RM	0,67 RM
Pressereiarbeiter	0,62 RM	0,67 RM
Maurer	0,75 RM	0,85 RM
Polier	1,00 RM	1,10 RM
Zimmermann	0,80 RM	0,90 RM
-"- mit staatl. Bau-Gewerbe-	0,90 RM	1,00 RM
Helfer im Baugewerbe	0,62 RM	0,67 RM
Schlosser, Schweißer, Fräser, Dreher,	0,80-0,85 RM	0,98 RM [111]
Maler	0,80 RM	0,85 RM
Sattler	0,72 RM	0,80 RM
Schmied	0,70 RM	0,75 RM
Raffinerie- und Firnisfabrikarbeiter[112]	0,62 RM	0,85 RM

In der Zeit des Zweiten Weltkrieges waren neben den wenigen deutschen Produktionsarbeitern auch Franzosen und Holländer im Betrieb eingesetzt.[113]

Als Wittenberge im April 1945 nach Sprengung der Elbbrücke unter amerikanischem Artilleriebeschuss lag, wurde die Produktion der Ölfabrik stillgelegt.[114]

2.1. Die Herzschen Stiftungen in Wittenberge

In der Stadt Köthen bestand eine „Herzstiftung" in Höhe von 1.000 Taler, „deren Zinsen jährlich an 10 Arme, 5 christlicher, 5 jüdischer Religion, verteilt werden sollten. Falls dort nicht soviele Arme vorhanden, sollten Bedürftige aus Güsten oder Nienburg und, wenn auch dort nicht, aus einer anderen anhaltischen Stadt bedacht werden.[115]

In einem Nachruf des Kuratoriums des „Amalie-Herz-Vereins"[116] im „Bernburger Wochenblatt" vom 27. Juli 1865 aus Anlass des Todes von Salomon Herz wurde der Verstorbene „als Begründer verschiedener gemeinnütziger Institute gerühmt."

„Salomon Herz hinterließ ein Vermögen von 1.054.363 Taler 17 Groschen 9 Pfennig, ein für jene Zeit sehr großes Vermögen, wenn es auch mit dem des großen Grundbesitzes damals nicht in eine Reihe gestellt werden konnte. Von diesem Vermögen sonderte er in seinem Testament ab:

*1)	das von ihm zu seinen Lebzeiten geführte sog. Ma.asserkonto (Armenzehnten) von 54.745 Taler 4 Groschen 7 Pfennig, das er seiner Witwe zum gleichen Zwecke überwies;*

*2)	eine Stiftung für bedürftige Verwandte in Höhe von 20.000 Taler, die nach der Inflation aufgelöst werden musste."[117]*

Am 20. Juni 1873 riefen **Wilhelm und Hermann Herz**, die Söhne des Gründers der Herzschen Ölmühle in Wittenberge, Salomon Herz, aus Anlass des 50-jährigen Bestehens der Wittenberger Unternehmung zwei Stiftungen ins Leben:

„S. Herz Jubelstiftung für Arbeiter" mit 12 000 Taler Kapitaleinlage und die

„S. Herz Jubelstiftung für Bedürftige" mit 2 000 Taler Einlage.

Aus der Stiftung für Arbeiter sollten alljährlich an würdige Arbeiter und Arbeiterinnen, welche gänzlich erwerbsunfähig oder zeitweilig in ihrem Erwerbe gestört waren oder deren Erwerbsfähigkeit gemindert war, Unterstützungen gezahlt werden. Der Magistrat der Stadt Wittenberge wurde beauftragt, alljährlich am 20. Juni aus der Stiftung für Bedürftige Unterstützungsbeträge „an Arme der Stadt Wittenberge" zu verteilen.[118]

Anlässlich seines 50-jährigen Kaufmannsjubiläums stiftete der **Geheime Kommerzienrat Wilhelm Herz** am 31. März 1890 40 000 Mark für die Errichtung von 16 mietfreien Wohnungen (Müllerstraße 1-4) für alte, erwerbsunfähige Handwerker und Arbeiter der Ölfabrik. Am 14. Januar 1897 folgte der Mitbesitzer der Ölfabrik, **Hermann Herz**, anlässlich seines 70. Geburtstages mit seiner Stiftung von 20 000 Mark für die Errichtung eines Waisenhauses[119] in Wittenberge. Für denselben Zweck (Waisenhaus und vier Wohnhäuser) stellte dann am 26. April 1898 **Kommerzienrat Wilhelm Herz** anlässlich seines 75. Geburtstages weitere 10 000 Mark zur Verfügung. Am gleichen Tag erhielt die bisherige Mühlenstraße den Namen „**Herzstraße**". Am 14. Januar 1907 wurde der Mitbesitzer der Ölfabrik, **Hermann Herz**, 80 Jahre alt. Aus diesem Anlass stiftete er weitere 5 000 Mark, die zur Verminderung der laufenden Ausgaben für das städtische Waisenhaus verwendet werden sollten. Anlässlich der 70. Wiederkehr seines Eintritts in das Geschäft der Wittenberger Ölfabrik spendete **Kommerzienrat Wilhelm Herz** 1 000 Mark zur Verteilung an Ortsarme.[120]

3. Die Anbindung Wittenberges an das Eisenbahnnetz und ihre Auswirkungen für die Stadt

Der württembergische Nationalökonom **Friedrich List** hatte im Jahre 1833 in Leipzig seine Schrift „Über ein sächsisches Eisenbahn-System als Grundlage eines allgemeinen deutschen Eisenbahn-Systems" veröffentlicht. List sah darin in Berlin den größten deutschen Bahnknotenpunkt, von dem sechs Eisenbahnlinien in alle Teile des Landes führen sollten, darunter eine Linie von Berlin nach Hamburg. Preußen lehnte das Projekt wegen angeblich mangelhafter Begründung ab. List zog sich daraufhin von seinem Projekt zurück.[121]

Nach der Inbetriebnahme der ersten Eisenbahnlinie in Deutschland von Nürnberg nach Fürth am 07.12.1835 gab es sehr bald auch Bestrebungen, auf dem rechten Elbufer eine Eisenbahnverbindung zwischen Berlin und Hamburg herzustellen, aber die preußische Regierung verhielt sich anfangs dazu sehr zögerlich. Den zweifellos erkannten wirtschaftlichen Vorteilen einer solchen Verkehrsverbindung standen damals besonders territoriale Schwierigkeiten gegenüber, weil auch mecklenburgisches, dänisches und hannoversches Gebiet mit der Bahnstrecke durchschnitten werden müsste.

Vom 14.06.1836 ist dann eine Denkschrift von G. Ferdinand Oppert[122] über die Verkehrsverhältnisse einer Eisenbahn von Berlin nach Hamburg auf dem rechten Ufer der Elbe mit Durchschneidung der Gebiete der vorgenannten Staaten bekannt. Wegen der damaligen politischen Verhältnisse war das aber so nicht zu realisieren. Als ausführbar betrachtete Oppert jedoch die knapp 17 Meilen[123] lange Teilstrecke Wittenberge-Berlin. Das schien schon wegen der Anbindung des in dieser Zeit bedeutsamen Hauptzollamtes an der Elbe, das sich seit 1819 in Wittenberge befand, sehr aussichtsreich. An Kosten waren für dieses Verkehrsprojekt 2.185.000 Taler veranschlagt.

Im 2. Halbjahr 1836 beantragten dann Berliner Eisenbahnbauinteressenten eine Konzession für die Strecke Berlin-Wittenberge. Eine Fortsetzung dieser Eisenbahnlinie bis Hamburg übernahm ein Hamburger Komitee. Das preußische Staatsministerium für Handel, Fabrikation und Bauwesen lehnte jedoch auch diesen Vorstoß wegen Zweifel an der Gemeinnützigkeit und dem Erfordernis einer Genehmigung der zu durchquerenden ausländischen Staaten (Mecklenburg und Dänemark) sowie der Benachteiligung Magdeburgs als wichtigstem preußischen Handelsplatz an der Elbe wiederum ab.

Unter dem 26. September 1840 verschickte schließlich eine Gruppe interessierter Kreise eine „*Einladung zur Unterzeichnung eines Fonds zur Bestreitung der Kosten der vorbereitenden Arbeiten für eine auf Actien zu begründende Eisenbahnverbindung zwischen Berlin und Hamburg auf dem rechten Ufer der Elbe über Wittenberge*", in dem sie ihren Beschluss mitteilte, ein „*Comité zur Begründung eines Actien-Vereins für die Eisenbahnverbindung zwischen Berlin und Hamburg"* zu bilden. Für je *„eingezahlte Fünf Thaler Pr. Courant"* sollte die Berechtigung zur Abgabe einer Stimme im Komitee, das seinen Sitz in Berlin haben sollte, erworben werden.[124]

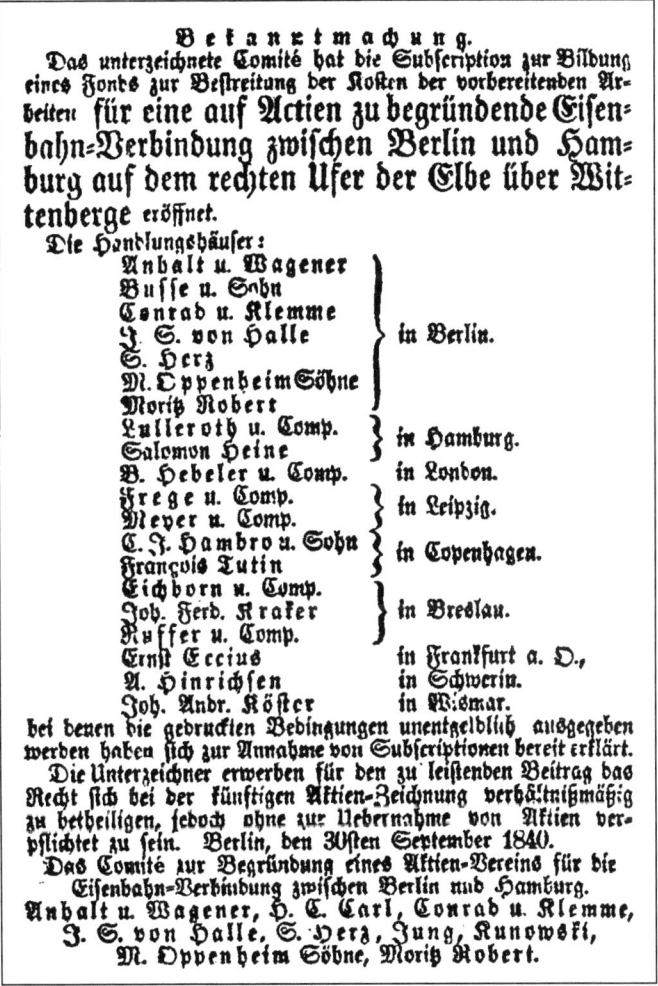

**Abb. 11 Bekanntmachung in der
Vossischen Zeitung am 30.09.1840**

Das Königlich Preußische Finanz- und Handelsministerium stellte am 15. Januar 1841 durch Kabinettsordre dann die Konzessionierung der Bahn in Aussicht und im Frühjahr desselben Jahres wurde ein provisorisches Bahnbaukomitee von den Aktionären als definitives Komitee bestätigt. Es wurde durch weitere Mitglieder verstärkt, dazu zählte **Hauptmann Hellmuth von Moltke**[125], der spätere Generalfeldmarschall und Chef des preußischen Generalstabes. Moltkes Gedanken gingen dahin, durch eine Eisenbahnverbindung Berlin-Hamburg auf dem rechten Elbufer könne die Elbe, welche von Magdeburg abwärts durch Festungen nicht geschützt wäre, leicht verteidigt werden, da erstere schnelle Truppenbewegungen begünstige. Nun gingen die Vorbereitungsarbeiten für den Eisenbahnbau in Preußen gut voran.[126]

1841 wurde in Berlin eine Aktiengesellschaft für den Eisenbahnbau von Berlin nach Hamburg gegründet. *"Die Gesellschaft erhielt am 15. Januar 1841 unter der Voraussetzung, daß es ihr gelinge, das Einverständnis der mecklenburgischen und dänischen Regierung herbeizuführen und die Beschaffung des erforderlichen Baukapitals sicherzustellen, die staatliche Konzession Preußens."* Am 08.11.1841 wurde ein *„Vertrag zwischen Preußen, Dänemark, Mecklenburg-Schwerin und den Senaten der freien und Hansestädte Lübeck und Hamburg, die Herstellung einer Eisenbahn-Verbindung zwischen Berlin und Hamburg betreffend"* geschlossen.[127] Der Hamburger Brand von 1842 beeinflusste zunächst die Aktienzeichnung sehr ungünstig. Das Komitee sah sich daher genötigt, im November 1842 die Verlängerung der Frist für den Nachweis der erfolgten Kapitalzeichnung und die Übernahme einer Zinsbürgschaft seitens des preußischen Staates zu beantragen. Diesem Antrag war eine ausführliche Denkschrift beigegeben, die zum Teil wahrscheinlich von Moltke verfasst war.

In der Denkschrift hieß es u.a.: *„Eine Eisenbahn auf dem preußischen Ufer der Elbe außer Reichweite der Kanonen würde ermöglichen, nach jedem beliebigen Punkte Truppenmassen zu entsenden. Mit ihrer Hilfe würde auch die einem feindlichen Einfall weniger ausgesetzten Gebiete von Hamburg, Holstein und Mecklenburg durch Lebensmittellieferungen und Truppengestellungen ein an der mittleren Elbe stehendes vaterländisches Heer unterstützen können."*

Von Mecklenburg und Hamburg waren Zinsbürgschaften in Aussicht gestellt worden[128] und auch Preußen hatte sich in einer Kabinettsordre vom 22.11.1842 grundsätzlich dazu bekannt, die Eisenbahnverbindung staatlich zu unterstützen. Ein Komitee zur Begründung des Aktienvereins für die Eisenbahn-Verbindung zwischen Berlin und Hamburg begann am 01. Januar 1843 mit den Aktienzeichnungen.

Das Bahnbaukomitee rief die ursprünglichen Aktienzeichner am 27. Juli 1843 zu einer *„General-Versammlung zur Constituirung der Berlin-Hamburger Eisenbahn-Gesellschaft"* nach Schwerin ein. Die 61 Paragraphen des Statuts der Gesellschaft wurden beschlossen. Der Ausschuss der Gesellschaft konstituierte sich am 16. September und im Oktober wurde die Direktion mit zunächst Kommerzienrat Carl als Interimsvorsitzenden vorgestellt. Kurze Zeit später übernahm der Eisenbahndirektor Constenoble den Vorsitz der Verwaltung. Als Ober-Ingenieur wurde für die Direktion der **Kgl. Oberwegebau-Inspektor Friedrich Neuhaus**[129] gewonnen.

Abb. 12   Bekanntmachung in der
Vossischen Zeitung vom 16.12.1843

Ab 1844 war bereits unter Oberleitung des Oberwegebau-Direktors Neuhaus mit dem Streckenbau von Berlin aus begonnen worden. Am 06. Mai 1844 erfolgte der erste Spatenstich in der Nähe von Karstädt. 4 200 Arbeiter waren an Strecke und Anlagen eingesetzt.[130] Ende 1844 war der Bahnkörper schon auf 18 der insgesamt 34 Meilen Baustrecke vollendet, ein Teil der Brücken befand sich im Bau.

Schließlich hatten der Hamburger Senat und die mecklenburgische Regierung je 1 1/2 Millionen Taler Aktien erworben, worauf die übrigen fünf Millionen Taler rascher gezeichnet worden waren. Erst am 28.02.1845 erging mit einer Kabinetts-Ordre die preußische „Allerhöchste Konzessions- und Bestätigungs-Urkunde"; von den übrigen Staaten erfolgte in den folgenden Monaten die endgültige Konzessionserteilung.

Am 06. Juli 1845 entschied der preußische König schließlich, daß die Bahn ab Glöwen über Wittenberge und nicht über Perleberg - wie ursprünglich geplant - zu führen sei.[131] Diese Entscheidung war für die weitere wirtschaftliche und insgesamt städtische Entwicklung Wittenberges von erheblicher Tragweite. *„In jener Zeit waren fast 10 000 Menschen beim Bahnbau tätig, darunter allein an den Hochbauten 1 200 Maurer und Zimmerer.“*[132]

Am 7. Oktober 1846 erfolgte die erste durchgehende Probefahrt von Berlin nach Boizenburg und zurück. Sie fand mit 300 geladenen Gästen statt. Der Probezug bestand aus der Lokomotive „Pegasus“[133] sowie acht Personen- und sechs Gepäckwagen. Am 12. Oktober 1846 gab die Bahndirektion in der Vossischen Zeitung[134] die Aufnahme des öffentlichen Personenverkehrs bis Boizenburg bekannt. Am 13. Oktober teilte das General-Post-Amt mit: *„Mit dem 15ten d. M. werden die auf der Berlin-Hamburger Straße bestehenden Posten aufgehoben. Von diesem Zeitpunkt an werden Seitens der Post die Dampfwagenzüge zwischen Berlin und Boizenburg und zwischen Berlin und Wittenberge benutzt und mit diesen eine Brief- und Packereipost zwischen Boizenburg und Hamburg und eine Reitpost zwischen Wittenberge und Hamburg in Verbindung gebracht.“*

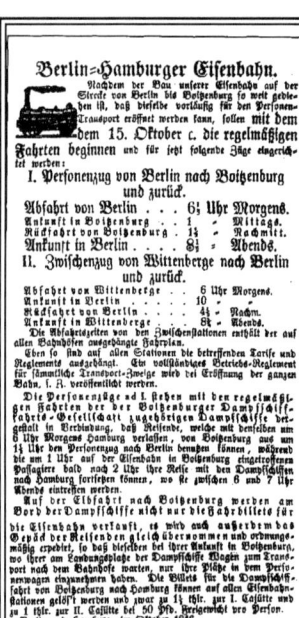

Abb. 13   Eröffnungsfahrplan vom 15. Oktober 1846

Der erste Zug ab Berlin wurde von der festlich geschmückten Lokomotive „Pluto"[135] gezogen; die für 7 Uhr früh vorgesehene Abfahrt verzögerte sich bis gegen 8 Uhr. Mittags kurz vor 12 Uhr kam der erste Zug aus Wittenberge mit geschmückter Lok und von Freudenschüssen begrüßt auf dem Berliner Güterbahnhof an, auf dem ein Güterschuppen vorübergehend als Empfangsgebäude und Bahnhofshalle Verwendung fand.[136]

Am 12. Dezember 1846 fand die offizielle Einweihung der Gesamtstrecke Berlin-Hamburg statt. An dieser Fahrt nahm die Direktion und der verwaltende Ausschuss teil. Ein Festmahl fand im Hamburger Hotel l'Europe statt. „In Boizenburg war der Hamburger Zug bereits eingetroffen und mit ihm außer dem dortigen Gesellschaftsvorstande, auch eine große Anzahl von andern begrüßenden Bürgern der Handelsstadt, die mit diesem Tage zu unsrer nahen Nachbarstadt geworden. Für einen so außerordentlichen Zusammenfluss konnten freilich die kleinen Räumlichkeiten des Bahnhofs nicht genügen; inzwischen war es auch hier auf „*nichts als ein momentanes Begegnen und Begrüßen abgesehn, und sobald die ordnungsgemäße Beförderung der Reisenden stattgefunden hatte, wurde auch die Weiterfahrt der Fest-Theilnehmer bewerkstelligt. Um drei Viertel auf zwei Uhr bewegte sich der Extrazug, der die erste ganze Durchfahrt von Berlin machte, vorwärts auf dem einzuweihenden Theil der Bahn, zwischen Boitzenburg und Bergedorf....*", berichtete die Vossische Zeitung.[137]

Zunächst genügte ein durchgehender Personenzug in beiden Richtungen zwischen Berlin und Hamburg mit 8 bis 9 Stunden Fahrzeit und ein sogenannter Zwischenzug mit Übernachtung in Wittenberge, wo der Bahnhofswirt die Erlaubnis hatte, Reisende zu beherbergen.

Der erste Personentarif war in drei Währungen aufgestellt: in preußischen Talern zu je 30 Silbergroschen, in neuen 2/3 meckl. Talern zu 48 Schilling und in Hamburger Courant-Mark zu je 16 Schillingen. Diese Vielfalt war notwendig, weil die Bahn auch durch Gebiete fuhr, die außerhalb des Zollvereins blieben, wie z.B. Hamburg, Großherzogtum Mecklenburg und den dänischen Besitzungen von Holstein und Lauenburg. In Wittenberge konnten „*Zettelbillets*" nach folgenden Stationen gekauft werden: Grabow, Ludwigslust, Hagenow, Brahlsdorf, Boizenburg, Büchen, Schwarzenbek, Friedrichsruh, Reinbek, Bergedorf, Hamburg; Wilsnack, Glöwen, Zernitz, Neustadt/Dosse, Friesack, Paulinenaue, Nauen, Spandau und Berlin. Zunächst lagen an dieser Strecke also 21 Stationen.[138]

Ein „*Zettelbillet*" von Berlin nach Hamburg kostete damals z.B.

*   in der I. Wagenklasse   6 Sgr. je Meile (d.s. 8 Pfg. je km),
*   in der II. Wagenklasse   4 Sgr. je Meile (d.s. 5,4 Pfg je km) und
*   in der III. Wagenklasse   2 1/2 Sgr. je Meile (d.s. 3,3 Pfg. je km).

In Wittenberge war auch bald ein Anschlussgleis zum Packhof gelegt worden, um die Schifffahrt in den Verkehrsverbund einzubeziehen.[139]

Es wurde auch mit dem streckenweisen Ausbau eines zweiten Gleises zwischen Berlin und Hamburg begonnen, obwohl anfangs nur die Zweigleisigkeit zwischen Hamburg und Wittenberge projektiert gewesen war. Ende 1847 war u.a. der Streckenabschnitte Wittenberge-Grabow zweigleisig fertiggestellt.

Der erste „Fahrplan für die regelmäßigen Dampfwagenzüge auf der Berlin-Hamburger Eisenbahn vom 15. Januar 1848 bis auf Weiteres" trat in Kraft. Nachts ruhte der Eisenbahnverkehr noch, obwohl die preußische Regierung den Verkehr von Nachtzügen verlangte. Unter dem 30. März 1852 teilte die preußische Regierung der Direktion der Berlin-Hamburger Eisenbahngesellschaft mit, dass ab 01.04.1852 für jeden nicht gefahrenen Nachtzug 100 Taler Strafe gezahlt werden müssten, wenn nicht bis zum 15. April die Nachtzüge planmäßig gefahren würden. Trotz dieser Strafandrohung beharrte die Gesellschaft zunächst auf ihrer widersetzlichen Haltung. Am 14.04.1852 zog dann der preußische Staat 2 800 Taler zwangsweise von der Eisenbahngesellschaft ein. Das änderte die Haltung der Eisenbahndirektion unverzüglich und ab 15. April fuhren die Nachtzüge in beiden Richtungen und erreichten in kurzer Zeit die Rentabilität.

Am 15. Mai 1852 wurde schließlich auf der Strecke von Wittenberge bis Berlin eine IV. Wagenklasse zum halben Preis der III. eingeführt. Weil sich das bewährt hatte, wurde später auch auf der Strecke von Wittenberge nach Hamburg die gleiche Maßnahme getroffen.

In einer Lithographie von 1853[140] ist das hiesige Bahnhofsgebäude besonders groß und in der Mitte der Graphik abgebildet. Und Peter Bley schreibt in seinem Buch[141] zur Eröffnung der durchgehenden Bahnstrecke von Berlin nach Hamburg am 12. Dezember 1846 u.a.: „*Es ist wahrhaft erstaunenswerth, was in dieser kurzen Zeit (seit der Eröffnung der Bahn nach Boizenburg) für die Förderung des Werkes geleistet worden. Die damals noch kaum Dach und Fach gewährenden Erfrischungsgebäude der Bahnhöfe sind sämmtlich in wohnlichen Stande; sie erfreuen durch Sauberkeit und Zweckmäßigkeit ... auch die Restaurationen, von denen einzelne damals Manches zu erinnern gaben, sind in bester Ordnung ...*".

Abb. 14 Bahnhof Wittenberge
um 1846

32

Man kann also mit großer Wahrscheinlichkeit annehmen, daß mit Eröffnung der Berlin-Hamburger Bahnlinie das Empfangsgebäude schon in seinem Kern bestanden haben wird, obwohl der Stadtplan von Wittenberge[142] einen Bahnhof noch rechts von der heutigen Bahnstraße ausweist.

Für den 28.11.1860 ist eine öffentliche Ausschreibung zur Montage von Telegraphenleitungen an der Eisenbahnstrecke Hamburg-Wittenberge nachweisbar[143]. Sehr bald war dann auf allen Stationen der Eisenbahnstrecke zwischen Berlin und Hamburg die Aufgabe von Privatdepeschen möglich.

Der Deutsch-Dänische Krieg 1864 zog auch Wittenberge in Mitleidenschaft. Ein großer Teil des preußischen und des österreichischen Heeres passierte den hiesigen Bahnhof. Die Stadt beherbergte ganze Scharen von zurückkehrenden kranken oder verwundeten Soldaten. Zwei Lazarette waren hier eingerichtet. Für die Eisenbahngesellschaft aber brachten die Militärtransporte große Einnahmen. Vom 15.02. bis 01.09.1864 hatten insgesamt 10 069 Soldaten die hiesige Bahnstation passiert und die Verpflegungsstelle auf ihr in Anspruch genommen. Drei Viertel der Soldaten waren Preußen, der Rest Österreicher.[144]

Das nächste große Ereignis für die Stadt Wittenberge sollte das Eisenbahnbau-Projekt der Magdeburg-Wittenberger Eisenbahn mit Einschluss des Baus einer Eisenbahnbrücke über die Elbe werden.

Schon um das Jahr 1843 gab es für die Stadt Magdeburg die Notwendigkeit, eine Eisenbahnverbindung von Magdeburg nach Wittenberge zu schaffen. Mehrere Projekte wurden von Fachleuten diskutiert. Ein Anschluss an die dann seit 1846 bestehende Strecke Berlin-Hamburg bei Wittenberge stieß zunächst auf die Schwierigkeit, die Elbe bei Wittenberge durch eine Brücke zu überqueren. Bereits am 23. Oktober 1843 versammelten sich Techniker unter Vorsitz des Geheimen Finanzrates Mellin in Wittenberge, wo sich schließlich der genannte Vorsitzende wie auch **Regierungs- und Baurat Hans Victor von Unruh**[145], Potsdam, und der **Wasserbau-Inspektor Koppin** aus Lenzen für diese Streckenführung und den Elbbrückenbau bei Wittenberge aussprachen. Im August 1844 wurde ein von Koppin unter Leitung von v. Unruh entworfenes Projekt vorgelegt. Nach mehreren Abänderungen des technischen Projektes wurde es schließlich am 15.02.1847 genehmigt und die Ausführung dem Direktionsmitglied und ersten Techniker der Eisenbahngesellschaft, Hans Victor von Unruh, übertragen.[146]

Von Unruh berichtete später: „*Es gab damals in Deutschland noch gar keine eisernen Brücken mit großen Spannweiten, wohl aber in England und einige in Frankreich. Da nun die Erfahrung im Bauwesen, wie bei vielen anderen Dingen, neben der Theorie eine Hauptrolle spielt und nur die Kombination beider gute Resultate liefert, so trat ich anfangs Januar 1848 in Begleitung des damaligen Baumeisters Benda ... eine Reise nach Belgien, Frankreich und England an, gemeinschaftlich mit dem damaligen Maschinenmeister, jetzigen Geheimen Kommerzienrat Louis Schwartzkopf, und Borsig, dem Vater, auf den ich großen Wert legte.*[147]

Am rechtsseitigen Elbufer sollte das bisher nicht eingedeichte Ufer der Elbe zwischen dem Hinzdorfer Elbdeich und dem Brückenbau durch einen starken, neuzuschüttenden Elbdeich hochwassersicher gemacht werden. Die spezielle Ausarbeitung des Brückenbauprojekts erfolgte nun 1846 durch den damaligen **Abteilungsingenieur im Eisenbahndienst Anton Ferdinand Benda**[148]. Er hat den Elbübergang von Anfang bis zu Ende geführt.[149]

Abb. 15
Hans Viktor von Unruh

Abb. 16
Anton Ferdinand Benda

Abb. 17
August Borsig

Am 31. Januar 1847 erhielt die Magdeburg-Wittenbergesche Eisenbahn-Gesellschaft die preußische Konzession. Mit einer Gesamtlänge von 3 985 Fuß[150] sollte die Brücke sowohl die Taube Elbe[151] als auch den eigentlichen Elbstrom einschließlich des Flutgeländes überqueren und dazu auf 35 Pfeilern ruhen. Von Wittenberge aus gesehen, war eine Drehbrücke mit zwei Öffnungen der Strombrücke vorgesetzt, um den Segelschiffen das Passieren der Brücke zu ermöglichen, ohne die Masten umzulegen. Diese Drehbrücke[152] wurde vom Maschinenmeister Voß konstruiert.

In einem Gesuch des Direktoriums der Magdeburg-Wittenberger Eisenbahngesellschaft vom 07.04.1847 wurden für das Terrain dieser Eisenbahngesellschaft erwähnt: Werkstattgebäude und Wohnungen, eine Eisengießerei mit 2-4 Cupolöfen[153], 2 Dampfmaschinen[154], 1 Traßmühle[155], 1 Coaksbrennerei[156] mit 3 Öfen, 1 Kalkofen, 1 zu einer Lokomobile umgebaute Dampfmaschine zur Wasserförderung am rechten Ufer der alten Elbe, 3 transportable Hochdruckmaschinen zum Betreiben der Pumpen bei der Gründung der Brückenpfeiler. Ein zweiter Dampfkessel wurde 1851 bei A. Borsig beschafft.[157]

In den letzten Tagen des Monats Mai 1847 wurde mit den Stromregulierungsarbeiten und am 07. Juni mit dem Rammen des ersten Spundpfahls zur Strombrücke begonnen. Da der Eisgang im Frühjahr 1848 sehr hart war, gerieten die Arbeiten an der Brücke ins Stocken. Schwierigkeiten bei der Beschaffung der erheblichen Geldmittel durch die Gesellschaft infolge der politischen Ereignisse des Jahres 1848 verzögerten den Weiterbau bis August 1848.[158] Durch die Ausführung der Brücke mit einem hölzerne Aufbau[159] gegenüber der ursprünglich geplanten eisernen Bogenkonstruktion wurden die Kosten um 500 000 Mark gesenkt, wodurch der Weiterbau überhaupt ermöglicht wurde. Die Zimmermannsarbeiten des hölzernen Brückenaufbaus erfolgten durch den Wittenberger **Zimmermeister Ehrhardt.**[160]

Abb. 18   Modell des Howeschen Brückengitters

1849 war die Streckenführung von Magdeburg aus bis an das linksseitige Ufer der Elbe ausgeführt. Die Weiterreisenden mussten nun vorübergehend ihren Weg mit einer Dampffähre über die Elbe bis Wittenberge fortsetzen.

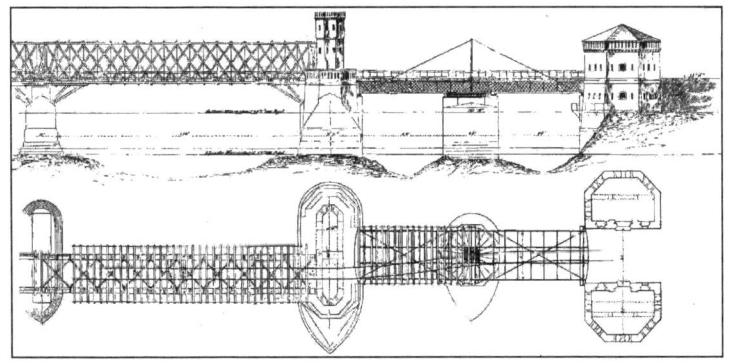

Abb. 19   Konstruktion der Eisenbahnbrücke von 1851

Erst am 05. Juli 1850 erfolgte die endgültige Genehmigung für den wesentlich veränderten Weiterbau. Der Hauptbrückenbau hatte fast volle zwei Jahre geruht und wurde auch danach noch durch Hochwasser erschwert. Ende 1850 war der neue rechtsseitige Elbdeich fertig. Nur durch die gleichzeitige Beschäftigung von etwa 4 000 Arbeitern war es gelungen, die Bauarbeiten voranzutreiben. Zu Beginn 1851 standen sieben Brückenfelder vollständig, das achte halb vollendet zur Aufstellung zur Verfügung. Am 21. Oktober 1851 konnte die erste Lokomotive die ganze Brücke passieren. Die Magdeburg- Wittenbergesche Eisenbahn fand Anschluss an die seit 1846 bestehende Berlin-Hamburger Eisenbahn.

Abb. 20   Eisenbahnbrücke um 1851

Fußgänger und Fuhrwerke konnten im Sommer 1852 die Brücke auf Holzbohlenbelägen zur Elbüberquerung nutzen.[161] Einige Brückenpfeiler waren aus militärisch-strategischen Gründen als Festungswerke errichtet worden. Die Totalkosten der Brücke einschließlich der Stromregulierungs- und Deichbaumaßnahmen betrugen bis 1853 insgesamt 1 581 848 Taler 21 Silbergroschen 5 Pfennige.

Abb. 21
Brückenkopfumgehung

Abb. 22   Soldaten der
Brückenwache 1914

Abb. 23
Brückengeldeinnehmer Friedrich Reinicke
(um 1930)

Abb. 24   Eisenbahnbrücke um 1930

So kannten die Wittenberger die hiesige Eisenbahnbrücke über die Elbe.[162]

**Abb. 25 Lithographie vom Wittenberger Bahnhof
der Magdeburg-Wittenberger Eisenbahn**

1853 existierte in Wittenberge neben dem Bahnhof der Berlin-Hamburger Eisenbahn ein zweiter Bahnhof „Altstadt". Auf letzterem sollte damals ein Güterschuppen an der alten Stepenitz aufgestellt werden. Im Februar 1860 errichtete
die Eisenbahngesellschaft hier eine Werkstatt für den Weichenbau[163] und eine
Schwellentränkanstalt.[164] 1865 wurde ein Schornstein für den Maschinenschup-
pen aufgerichtet. Ein neuer, runder Lokschuppen wurde 1872 gebaut, nachdem
ein massiver Materialschuppen am 24. August 1871 an dieser Stelle abgebrannt
war. 1879 richtete der Fabrikant **Friedrich Deicke** aus Braunschweig in den
Gebäuden der ehemaligen Schwellentränkanstalt eine Eisenbahnwaggonfabrik
ein. Diese wurde ab 01.07.1887 völlig aufgelöst. Die Gebäude zerfielen nach und
nach.[165] 1879 wurde die Wittenberge-Magdeburger Eisenbahn verstaatlicht.

Auf dem Bahnhofgelände erfolgten in den weiteren Jahren zahlreiche Erweiterungen und Modernisierungen. Auf dem Platz eines früheren Eiskellers auf dem
Bahnhofsareal wurde 1873 der Erweiterungsbau des Bahnhofsgebäudes errichtet[166]. Im September des gleichen Jahres wurde auf dem Bahnhof ebenfalls eine
Wasserstation gebaut. Am Bahnhofsvorplatz wurde dann 1879 das Übernach-
tungsgebäude errichtet.

1883 verkaufte man auf dem Wittenberger Bahnhof, der nach Rekonstruktionen
und dem Bau von neuen und ergänzenden Gebäuden oftmals sein Gesicht änderte, erstmals ein amtliches „Norddeutsches Kursbuch der Eisenbahn".

Am 29. März 1884 schlossen die preußische Regierung und die Bahndirektion
einen „ Vertrag, betreffend den Übergang des Berlin-Hamburger Eisenbahn-
Unternehmens auf den Preußischen Staat". Für die Bahndirektion unterzeichnete
ihn Max Neuhaus, der Sohn des langjährigen Direktionsvorstandes Friedrich
Neuhaus.[167] Die Verwaltungen der Berlin-Hamburger und der Wittenberge-

Magdeburger Eisenbahn waren bald vereinigt. Längst gab es nur noch einen Bahnhof für beide Eisenbahnstrecken.

Schon 1870 war mit den Bauarbeiten der Strecke Wittenberge-Buchholz begonnen worden und am 15.12.1873 wurde die ca. 56 km lange Teilstrecke Wittenberge-Dömitz-Hitzacker in Betrieb genommen. Bis zum 31.12.1874 war diese bis Buchholz verlängert. Die Verstaatlichung der Bahnlinie Wittenberge-Lüneburg erfolgte mit den übrigen Eisenbahnen 1884.

Am 15. Oktober 1881 wurde die Bahnlinie Wittenberge-Perleberg mit einer Betriebslänge von 10,540 km eröffnet.[168]

Wittenberge war nun ein bedeutender Eisenbahnknotenpunkt im Schienennetz der deutschen Eisenbahnen geworden.

Ab 01. April 1891 war der Zugang zu den Bahnsteigen nicht mehr für die Allgemeinheit zugänglich, sondern nur noch für die Reisenden mit Fahrkarten und mit den sogenannten *„Bahnsteigkarten"*.

Der erste Schnellzug (D-Zug) passierte den Wittenberger Bahnhof am 01. Mai 1892, während die Wittenberger am 01.12.1893 den ersten sogenannten *„Harmonikazug"*, bestehend aus: Postwagen, vierachsigen Personenwagen I. und II. Klasse für Nichtraucher, einem weiteren für Raucher und einem Gepäckwagen, zu sehen bekamen.

Am 20. Januar 1895 erstrahlte der Wittenberger Bahnhof das erste Mal im grellen Lichte von 20 Siemensschen Bogenlampen, die den benötigten Strom von einer Dynamomaschine aus der Eisenbahn-Hauptwerkstatt erhielt. Auch das erste Röntgengerät des Wittenberger Chirurgen und Gynäkologen Dr. Gerhard Sauer wurde durch Akkus gespeist, die im Ausbesserungswerk aufgeladen wurden.[169]

1907 stellte man die Unterführung für Fußgänger vom Bahnhof in die Bahnstraße fertig. Seit 1920 ist die Deutsche Reichsbahn erwähnt[170], bis 1924 die Deutsche Reichsbahn Gesellschaft (DRG) gegründet wurde.

In der Frühe des 15. März 1912 ereignete sich auf dem Wittenberger Bahngelände ein „folgenschweres Eisenbahnunglück, von dem das „Kreisblatt für die Westprignitz" am gleichen Tage berichtete.[171]

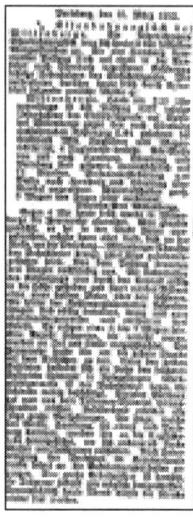

Abb. 26
Text der Zeitungsanzeige zum
Eisenbahnunglück 1912

Abb. 27 Ansichtskarte vom Eisenbahnunglück am 15.03.1912

Die Einführung von Triebwagen mit Verbrennungsmotoren in den dreißiger Jahren, die einen Höhepunkt ihrer Entwicklung mit dem sogenannten „Schienenzeppelin"[172] des Ing. Kruckenberg 1931 und dem Schnelltriebwagen „Fliegender Hamburger" [173]sind sicherlich noch von besonderem Interesse der zahlreichen Wittenberger Eisenbahner und ihrer Familienangehörigen.

Der Dienststandort Wittenberge der Deutschen Reichsbahn hatte hier zahlreiche Einzelbetriebe der Eisenbahn konzentriert: den Bahnhof Wittenberge, das

Reichsbahnausbesserungswerk (RAW), das Bahnbetriebswerk (BW), das Bahn-
betriebswagenwerk (BWW) sowie zahlreiche Bahnmeistereien (BM).

3.1. Das Eisenbahn-Ausbesserungswerk in Wittenberge

Nachdem die Berlin-Hamburger Eisenbahngesellschaft (BHE) im Dezember
1846 die Eisenbahnstrecke von Hamburg bis Berlin über Wittenberge in Betrieb
genommen hatte, wurde im Jahre 1875 mit dem Bau einer „Eisenbahn-
Hauptwerkstatt" dieser privaten Gesellschaft begonnen. Schon am 02. Januar
des folgenden Jahres (1876) nahm diese Werkstatt ihre Reparaturtätigkeit auf.
Das Betriebsterritorium war 5,10 ha groß.

1876/77 war diese Wittenberger Hauptwerkstätte für die Reparatur von 141
Lokomotiven, 246 Personenzug-, Post- und Gepäckwagenwagen sowie 2 779
Güterzugwagen zuständig. Bis zum Jahre 1924 wurden in diesem Betrieb auch
die Weichen des zuständigen Bahnkörpers unterhalten. Am 24. März 1884 wurde die bisher private Berlin-Hamburger Eisenbahngesellschaft in die Königlich
Preußische Eisenbahnverwaltung (KPEV) eingegliedert und die Strecken wurden
der Königlichen Eisenbahn-Direction (KED) Altona zugeordnet. Ihr Werkstatt-
tamt A war für Lokomotiven, das Werkstattamt B für die Instandsetzung von
Wagen und Weichen zuständig.

Abb. 28 Eisenbahn-Hauptwerkstatt um 1896

Schon 1910 wurden hier schweißtechnische Versuche durchgeführt. Zum 01.
April 1923 wurde mit großer Unterstützung des damaligen Leiters des Eisen-
bahn—Ausbesserungswerkes Wittenberge, Oberregierungsbaurat Bardtke, eine
„Versuchs- und Lehrwerkstatt für Schweißerei" eingerichtet, die bald in eine

41

eigenständige „Schweißtechnische Versuchs-Anstalt Wittenberge" umfunktioniert wurde.[174]

Nachdem mit Gesetz vom 12.02.1920 die „Deutsche Reichsbahn" zum selbständigen Unternehmen geworden war, führte der Ausbesserungsbetrieb später die Bezeichnung „Reichsbahn-Ausbesserungswerk Wittenberge" (RAW). Es war in sechs Abteilungen gegliedert. In der Wittenberger Bevölkerung blieb aber stets die Bezeichnung „Die Werkstatt" für diesen Betrieb lebendig.

Seit 1925 wurden im Wittenberger RAW auch Holzersatzstücke für Personen- und Güterwagen hergestellt und ab 1928 nahm das Werk die Reparatur von Triebwagen mit Verbrennungsmotor in sein Programm auf. 1934 wurde für diesen Bereich eine besondere Abteilung geschaffen, die 1932 auch für die Unterhaltung des „Fliegenden Hamburgers" und anderer Schnelltriebwagen zuständig war.

Bis 1936 hatte sich das Betriebsterritorium auf 244 000 m² vergrößert, wovon 52 000 m² bebaut waren. Ca. 22 km Gleisanlagen befanden sich auf diesem Areal. Reparaturaufträge für 2 805 zwei- und dreiachsige Personen-, Post- und Gepäckwagen, für 65 Triebwagen mit Verbrennungsmotoren sowie 175 Klein-Lokomotiven mit Verbrennungsmotoren wurden realisiert.

Nach Beendigung des Zweiten Weltkrieges wurden 1946 die ersten Lokomotiven der Baureihe 91 im Wittenberger RAW repariert. 1949 gehörten zum Reparaturprogramm des hiesigen Werkes: 143 Lokomotiven, 3 Kleinlokomotiven, 27 Heizkesselwagen, 68 Güterwagen, 19 Postwagen, 936 Personenzugwagen, 99 D-Zug-Wagen, 1 Triebwagen und 2 Schneepflüge.

Die Entwicklung der Betriebsbelegschaft sieht folgendermaßen aus:

1876	ca.	100 Personen
1888	ca.	400 Personen
1898		620 Personen
1911		964 Personen
1914		1 115 Personen
1920		2 404 Personen

Für die stets wachsende Anzahl der Eisenbahnbediensteten, was mit vielen Zuzügen nach Wittenberge verbunden war, wurden dringend Wohnungen benötigt. So gründeten zunächst 101 Eisenbahner bereits am 17.04.1894 einen „Bau- und Sparverein von Eisenbahnbediensteten GmbH". Bis 1924 entstanden dann in der sog. Kolonie 247 Wohnungen mit Gartenland. Schon ab 1913 errichteten Bauwillige nach Plänen des Architekten Walter Gropius im Norden der Stadt die Siedlung „Eigene Scholle". Außerdem wurden von 1924 bis 1929 in der Siedlung „Vorwärts" 89 Häuser gebaut.

Die sich auch in unserer Region bemerkbar machende Weltwirtschaftskrise führte zu mehrfachen Reduzierungen der Beschäftigtenzahlen:

1925	1 213 Personen
1926	1 134 Personen
1930, 31.12.	784 Personen
1931, 31.12.	758 Personen
1933	665 Personen
1934	886 Personen
1935	935 Personen[175]

Bereits 1906 wurde im Ausbesserungswerk eine Betriebsfeuerwehr gegründet, die z. B. 1929 aus drei Brandmeistern und 23 Kameraden bestand.

Eisenbahnbedienstete hatten in unserer Stadt schon 1888 den „Wittenberger Turnverein 1888 e.V." (WT 88) gegründet, aus dem 1919 Fußballbegeisterte den Sportverein „WS 88" herauslösten. Ab 1937 existierte dann der „Reichsbahn-Turn- und Sport-Verein 1888" (RTSV 88). 1945 wurden durch die sowjetische Besatzungsmacht zunächst alle Vereine verboten und erst am 18.02.1949 wurde in der Kantine des RAW eine „Betriebssportgemeinschaft Verkehr" mit 375 Mitgliedern gegründet, die ab 1950 „BSG Lokomotive" hieß.

Im RAW wurde im Jahr 1922 eine Werkschule eingerichtet. Am 15.04.1952 erhielt die Betriebsberufsschule des RAW ein neues Schulgebäude[176] in der Hartwigstraße. Das RAW war 1955 die zentrale Ausbildungsstelle für den technischen Berufsnachwuchs in den Dienststellen der Deutschen Reichsbahn in Reichsbahndirektion Schwerin. Am 01. September 1955 wurde das Lehrlingswohnheim I der Betriebsberufsschule des RAW[177] in der Hartwigstraße in Nutzung genommen. Am 15. April 1956 erfolgte die Gründung einer Betriebs-Akademie der Deutschen Reichsbahn im RAW Wittenberge. 1957 wurde das Wohnheim II der Betriebsberufsschule des RAW mit 72 Plätzen in der Hartwigstraße seiner Bestimmung übergeben.

3.2. Das Eisenbahnwesen in Wittenberge in den ersten Jahren nach 1945[178]

Abb. 29 Die zerstörte Elbbrücke (12.04.1945)

Kurz vor Ende des Zweiten Weltkrieges, am 12. April 1945, wurde – wie bereits kurz vermerkt - die Eisenbahnbrücke über die Elbe auf Befehl des damaligen Stadtkommandanten, Major Rauterberg, gesprengt. Bald danach wurden Notlösungen für eine Überquerung der Elbe realisiert.

Am 21.08.1945 wurde der Güterverkehr der Reichsbahn nach Berlin, Schwanheide, Neustrelitz, Dömitz und Havelberg wieder aufgenommen. Mit dem Abbau der Eisenbahnstrecke von Wittenberge nach Dömitz wurde am 01. August 1947 begonnen.

Am 28.08.1947 fuhr der erste grenzüberschreitende Güterzug zwischen der britischen und der sowjetischen Zone. Erst am 10.9.1949 setzte ein direkter Reisezugverkehr von Berlin nach Hamburg auf der klassischen Route über Wittenberge und Büchen erneut ein. Damit durchfuhr der erste Interzonenzug der Deutschen Reichsbahn den Wittenberger Bahnhof.

Wie bereits erwähnt: Die Anbindung Wittenberges an das Eisenbahnnetz hatte unmittelbare, erfreuliche Auswirkungen auf die Bevölkerungszunahme in der Stadt, auf die Beschäftigungslage der Wittenberger Einwohnerschaft und auf das weitere Aufblühen von Handwerk, Gewerbe und des kulturellen Lebens in der Prignitzstadt. Hierauf wird später noch ausführlicher einzugehen sein.

4. Engländer brachten die Textil-Industrie nach Wittenberge

4.1. Die Shoddy-Fabrik des James Dodgshun

Im Anschluss an die Herzsche Ölfabrik lag in der Mitte des 19. Jahrhunderts der sogenannte „Meyerschen Plan"[179] in der „Tivoli-Vorstadt". Dort hatte der **Gastwirt Carl August Weinmann** gemäß Kaufvertrag vom 30.10.1840 ein Grundstück erworben. Er stellte am 03. September 1849 beim Magistrat der Stadt Wittenberge den Antrag, hier ein neues massives Wohnhaus[180], an einen vorhandenen Saal, der ab März 1847 gebaut worden war, einen Anbau errichten und sein altes Wohnhaus „in den Fronten massiv untermauern und eine zweite Etage anbauen" zu dürfen. Diese Bauvorhaben sind unbedingt im Zusammenhang mit den damals durchgeführten Baumaßnahmen an der Eisenbahnbrücke über die Elbe und den Elbregulierungs- und Deichbauten zu sehen. Das zu dieser Zeit für die Verpflegung der etwa 4 000 Beschäftigten bei den Baumaßnahmen dienende spätere „Tivoli"-Establissement" wurde bis zum Ausbruch des Ersten Weltkrieges ständig erweitert und modernisiert

Am 16.06.1850 stellte der **englische Kaufmann James Dodgshun**[181] aus Hamburg beim Wittenberger Magistrat den Antrag zum Bau einer Shoddy-Fabrik[182] in Wittenberge:

„..... daß ich in dem in der Altstadt[183] belegenen Speicher des Herrn Graefe, hier, eine Zupfwollen Fabrik anzulegen beabsichtige. Dieselbe soll durch eine Dampfmaschine von zwölf Pferdekraft getrieben werden, welche letztere in einem neu zu erbauenden Maschinenhause aufgestellt werden soll; ..... "

Im Juni 1850 erschien der Fabrikant und Kaufmann James Dodgshun dann mit August Graefe[184] von hier vor dem Magistrat Wittenberge. Er erklärt u.a.:

„..... beabsichtige mich hierorts als Fabrikant in der Weise nieder zu lassen, daß ich meinen Wohnsitz zu Hamburg, wo ich mit kaufmännischen Rechten verkehre, behalte und frei ein entsprechendes Betreiber Personal einführe. Mein Interesse umfaßt, hier eine Fabrik für Zupf Wolle anzulegen ..... ".

Ein Schriftstück des Magistrats vom 29.07.1850[185] über die geführte Verhandlung hat folgenden Wortlaut:

> „Verhandelt
> Wittenberge den 29. Juli 1850
>
> In der heutigen Stadtverordneten Versammlung waren 16 Mitglieder anwesend, und wurde Folgendes verhandelt:
> Da durch die, von dem Herrn James Dodgshun beabsichtigte Anlegung einer Zupf-Wollfabrik in hiesiger Stadt kein Gewerbebetrieb beeinträchtigt wird, so haben wir gegen diese Anlage nichts einzuwenden, glauben vielmehr, daß solche für den Verkehr in unsrer Stadt vortheilhaft sein würde.
> Uebrigens ist uns kein Fall bekannt, daß Preußische Unterthanen bei beabsichtigter Niederlassung in Hamburg zurückgewiesen worden.
>
> Vorgelesen, genehmigt u. vollzogen,
>
> gez. Roemer. Brandes. G. Wernicke. Grohmann. Wienecke. Krause. Storbeck.
>
> (Siegel)"

Unter dem 08.08.1850 wandte sich der Magistrat wegen des Antrages von James Dodgshun an die Königliche Regierung, Abteilung Inneres, in Potsdam; und am 10. Oktober 1850 verpflichtete sich James Dodgshun schriftlich ausdrücklich:

„...... bei Ausführung der baulichen Anlage einer Zupf Wolle Fabrik das Gutachten des Bauinspectors Rosainsky (Pritzwalk) genau zu befolgen und befolgen zu lassen und jede Abweichung so zu vertreten, wie es von der Behörde mir wird auferlegt werden.

Gelesen genehmigt beschlossen

James Dodgshun. "

Bereits am 25. Oktober 1850 erschien auf *„Seite 941 / Oeffentlicher Anzeiger (Nr. 2) zum 43sten Stück des Amtsblattes der Königlichen Regierung zu Potsdam und der Stadt Berlin"* die öffentliche Anzeige der beabsichtigten Aufstellung einer Dampfmaschine:

„Der Fabricant Herr James Dodgshun, zu Hamburg, beabsichtigt in der Vorstadt Tivoli hierselbst auf einem Grundstück unweit des Hafens und der großen Elbbrücke in den beantragten Baulichkeiten, die Aufstellung einer Mitteldruck-

46

Dampfmaschine von 12 Pferdekraft und den Betrieb einer Zupf-Wollfabrik. Zufolge Anweisung Königl. Regierung zu Potsdam wird in Genügung der Bestimmungen der Gewerbe-Ordnung vom 17. Januar 1845, § 27 und ff. dies Unternehmen hiermit zur öffentlichen Kenntniß gebracht und bemerkt, daß die Zeichnungen, Gutachten der Baubehörde und Beschreibungen der Anlagen bei uns zu Rathause werktäglich eingesehen werden können, mit der Aufforderung, etwaige Einwendungen hiergegen binnen vier Wochen anzuzeigen.

Die vierwöchentliche Frist ist für alle Einwendungen, welche nicht privatrechtlicher Natur sind, präclusivisch.

Wittenberge, den 12. October 1850.   Der Magistrat."

Es ergaben sich wegen der 60 Fuß Schornsteinhöhe der Anlage Einsprüche und Forderungen seitens der benachbarten Firma Herz[186]. Als Vertreter von Herrn Dodgshun wurde Herr **Joseph Naylor**[187] genannt. Die landespolizeiliche Genehmigung zur Errichtung der Shoddy-Fabrik wurde dann unter dem 25. Februar 1851 erteilt. In der Fabrik arbeitete nun die erste in Wittenberge vorhandene Dampfmaschine zum Betreiben ihres 12 HP-Dampfkessels[188].

In einer Akte vom Juli 1852 wurden der **Disponent Joseph Naylor als Fabrik Factor und John Charlesworth als Werkführer** des neuen Wittenberger Betriebes aufgeführt.

Am 26.03.1853 stellte Dodgshun den Bauantrag für ein neu anzulegendes Fabrikgebäude mit drei Etagen und für den Bau eines Kesselhauses[189]. Die bisherige 12-PS-Dampfmaschine sollte gegen eine stärkere 25-PS-Dampfmaschine ausgewechselt werden.[190] Das wurde am 29.07.1853 in einer Bekanntmachung im „*Öffentlichen Anzeiger .....*" auf Seite 757 bekanntgemacht. Dafür wurden 1 Thaler 6 ¾ Sgr. als Preis gezahlt.

Aus einem Attest des Bauinspectors Rosainsky, Perleberg, vom 20.06.1854 geht hervor, daß statt des ursprünglich vorgesehenen Zinkdaches jetzt dem Kesselhaus ein Ziegeldach aufgesetzt wurde. Die Königl. Regierung, Abt. Inneres, Potsdam, erteilte Consens, was von James Dodgshun und John Charlesworth quittiert wurde.

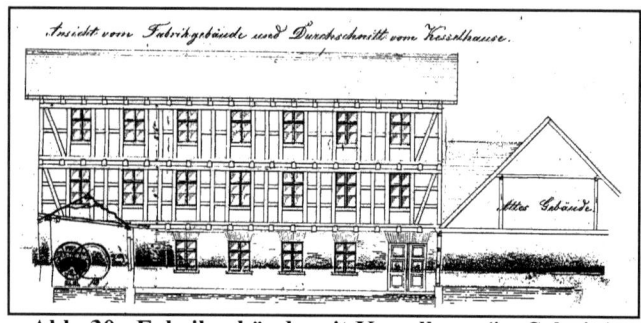

Abb. 30   Fabrikgebäude mit Kesselhaus (im Schnitt)

1855 genehmigte man der Wollzupffabrik von James Dodgshun endlich, einen neuen 25-PS-Dampfkessel aufzustellen.

Das Produktionsprogramm der Zupfwollefabrik bestand darin, aufgekaufte Alt-textilien zu reinigen, zu zerreißen, zu waschen, evtl. zu färben und dann die Reißwolle wieder zu verkaufen. Oft wurde sie auch wieder exportiert, z.B. nach England, um dort erneut zu Stoffen verarbeitet zu werden.

Eine Beschwerde des Salomon Herz, Besitzer der Wittenberger Ölfabrik, vom 27. Februar 1857 an die Polizei-Verwaltung Wittenberge hatte folgenden Wortlaut:

„In der Woll-Zupffabrik des Herrn James Dodgshun, hier, ist seit einiger Zeit die Röhren-Leitung, welche früher den in den Fabrikräumen entstehenden Staub unmittelbar der Elbe zuführte, dahin abgeändert worden, daß solcher in einen auf dem Hofraum stehenden Kasten ausmündet, wodurch der Staub zu großen Theilen auf meinen, neben meinem Kanal liegenden Platz getrieben wird. Es fällt dieser Staub danach so stark nieder, daß er sich fingerdick ablagert und mich in der Benutzung meines Grundstückes stört.

Ich bitte deshalb, dem Herrn James Dodgshun gefälligst aufgeben zu wollen, die oben angeführte Belästigung meines Grundstückes nicht ferner fortbestehen zu lassen und erforderlichen Falls eine polizeiliche Bestrafung eintreten zu lassen.

27. Februar 1857,   *S. Herz."*

Eine Etage zum Auffangen des Staubes wurde schließlich 1858 dem Fabrikge-bäude aufgesetzt.

1857 wurde südlich des großen Speichers der Shoddyfabrik ein Schuppen ge-baut. Dann hatte Maurermeister Freudel, Wittenberge, den Auftrag bekommen, ein Wohnhaus auf dem Fabrikgrundstück zu errichten. Die Zimmerarbeiten dazu führte Zimmermeister Peters aus.

48

Abb. 31   Shoddyfabrik

4.2. Von der Naylorschen Tuchfabrik zu den Vereinigten Märkischen Tuchfabriken

Joseph Naylor[191] übernahm die Wollzupffabrik von seinem Schwager James Dodgshun im Juni 1858. Leider konnten bisher keine Begründungen für diesen Wechsel in der Leitung des Unternehmens gefunden werden. Aber Webermeister Joseph Naylor erweiterte den Wittenberger Betrieb bald durch den Ankauf von Spinnmaschinen aus England und von Webstühlen aus Aachen. Die Tuchfabrikation in Naylors Betrieb wurde 1878 aufgenommen. Es wurden Damen- und Herrenstoffe in allen Preislagen hergestellt. Die Firma besaß eine eigene Reißerei, eine Spinnerei, eine Weberei, eine Färberei und eine Appreturanstalt. Als Nebenbetriebe gab es eine Tischlerei, eine Schlosserei, eine Reparaturwerkstatt, eine Seifensiederei, eine Korbmacherei, eine Ölextraktion und eine Öldestillation. Im Briefkopf der Firma stand nun: **Wolle- und Tuchfabrik Naylor & Co., Wittenberge.**

Abb. 32   **Abb. 33**   **Abb. 34**
Joseph Naylor   Edmund Naylor   Arthur Naylor

Ohne in dieser betriebsgeschichtlichen Darstellung Einzelheiten des Produktionsprozesses der Herstellung von Tuchen beschreiben zu wollen und zu können, erscheint es doch zweckdienlich, einige Fachbegriffe kurz zu erläutern, um spezielle Berufe, Produktionsvorgänge und die dazu verwendeten Maschinen mindestens oberflächlich einordnen zu können.

Kratzmaschinen (Krempl) dienen zur Vorbehandlung von Wollfasern zu einem gleichmäßigen Band von Wollfäden.

Ein **Selfaktor** bewirkt die Verformung der Vorspulfäden.

Walken nennt man das Verfilzen der Wollhaare durch kräftige mechanische Bearbeitung (Kneten, Schieben, Drücken; unter Zugabe mäßig erwärmter, schwach alkalischer Seifenlauge).

Durch das **Rauhen** werden die verfilzten Fasern an der Gewebeoberfläche zu einem oberflächlichen Flor aus ihrem Verbund gebracht, so daß sie sich über das Gewebe erheben.

Dann wird durch **Scheren** ein gleich hoher Flor an der Gewebeoberfläche erzeugt.

Appretur nennt man chemische und mechanische Verfahren, durch welche Textilien zweckentsprechende Eigenschaften und Beschaffenheiten sowie ein gewünschtes Aussehen erhalten.

In alten Zeitungsanzeigen, in denen Konfektion angeboten wird, findet man häufig den Begriff **Buckskin**. Dabei handelt es sich um einen tuchähnlichen Kleiderstoff, der schwach geraut und auf der rechten Seite geschoren war.

Schon für 1860 ist dokumentiert:

„Der Fabrikbesitzer Joseph Naylor aus England, hier mit Eigenthum und Fabrikbetrieb angesessen, stellt Antrag" auf Neubau eines Wohnhauses[192] auf dem Grundstück Große Tivolistraße 2[193]. Am 21. Mai desselben Jahres wurde noch ein weiterer Bauantrag, und zwar für den *„Neubau eines Wohnhauses von Fachwerk, 2 Etagen, mit Zinkdach"* für den Fabrikanten Joseph Naylor, hier,[194] gestellt.

Aus dem ältesten Adressbuch für Wittenberge (1884) sind u.a. auch die englischen Fachkräfte der Naylorschen Tuchfabrik zu entnehmen: Walkermeister Johann Fawcett und Spinnmeister Nataniel Yeadon wohnten damals in der Tivolistr. 2a[195]); Webermeister J. Blakeley hatte seine Wohnung in der Tivolistraße 22.[196]

Fabrikbesitzer **Joseph Naylor** und sein Sohn, Fabrikbesitzer **Arthur Naylor**[197], bewohnten das Haus Tivolistr. 2b[198]; Arthur Naylor ist mindestens ab 1890 in der Chausseestraße 32 und ab 1904: Lenzener Straße 11 wohnhaft gewesen.

1885 waren die Inhaber der **„Wittenberge'schen Kunstwollefabrik J. Naylor & Co."**: **Arthur, Edmund, William und Charles Naylor.**[199]

Abb. 35   Edmund Naylor und seine Brüder auf dem Fabrikhof

Abb 36
Der Landauer mit den hintereinander davor gespannten
„Max" und „Moritz"

Am 25.12.1887 entstand im Kesselhaus der Naylorschen Kunst-Wolle- und Tuchfabrik ein Brand, welcher einen Gebäudeschaden von 1 143 Mark verursachte. Der Schadensbetrag wurde durch die Londoner Feuer-Versicherungs-Gesellschaft „Phönix" vergütet.[200] Im folgenden Jahr (1888) entstand dann in der Tuchfabrik eine Fabrikfeuerwehr. Erneut brach am 20. Februar 1890 in der Naylorschen Tuchfabrik ein Feuer aus; diesmal fanden vier Arbeiter den Tod, alle Maschinen wurden zerstört. 300 Beschäftigte verloren mindestens zeitweilig ihren Arbeitsplatz.

Aus dem Adressbuch für 1890 sind weitere Namen englischer Fachkräfte der Naylorschen Fabrik zu entnehmen: Caleb und Joseph Cowling, beides Appreturmeister, sowie Jabez Yeadon, Werkmeister. Sie wohnten in der Tivolistraße. Die Naylors erwarben laut Bauakte im gleichen Jahr das Grundstück Große Tivolistraße 4[201]. Fabrikbesitzer **Edmund Naylor** beantragte am 14. April 1896 den Neubau eines Wohnhauses auf diesem Grundstück.[202] Noch heute ziert das Monogramm der Naylors das leider sehr desolat wirkende leerstehende Haus.

Abb. 37 Das Naylor-Monogramm

Abb. 38 Historische Abbildung von Tivolistraße 4

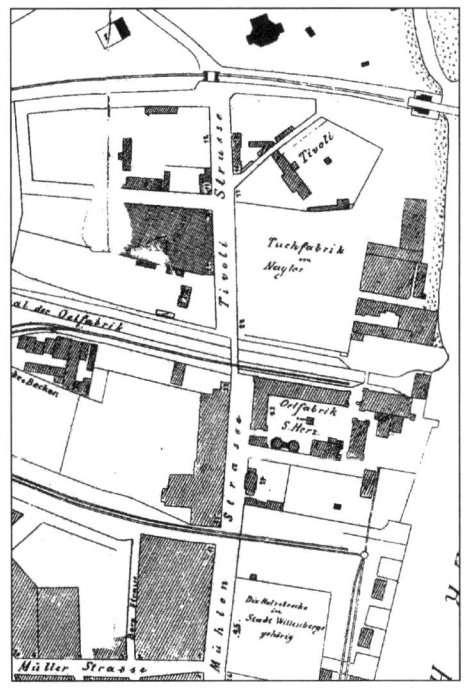

Abb. 39 Aus dem Stadtplan von 1890

Fabrikbesitzer **Arthur Naylor** starb am 10. Oktober 1899 in Wittenberge. Nach seinem Tode wurde laut testamentarischer Festlegung sein Vermögen von 250

Tausend Goldmark aus dem Unternehmen herausgezogen und mündelsicher angelegt.[203]

1899 zählte die Tuchfabrik 480 Beschäftigte, 1902 waren 384 Betriebsangehörige Mitglieder der betrieblichen Krankenkasse. Im Juni 1907 waren bei Naylor ca. 500 Werktätige beschäftigt, während die Singer Nähmaschinenfabrik zur gleichen Zeit ca. 400 Beschäftigte zählte.

Färbermeister **Charles Naylor**, Sohn des Joseph Naylor, war seit 1890 mit Margarete Eggert verheiratet und „hatte ein ansehnliches Wohnhaus mit Garten, Pferdestall und Wagenremise erworben, lebte aber immer über seine Verhältnisse und fing nach dem Ausscheiden aus der Fabrik an zu trinken."[204]

**Abb. 40   Der erste Wittenberger Radfahrerverein,
1881 als „Bicycles-Club 1881" gegründet.
(Ganz links am Hochrad: Charles Naylor)**

Charles Naylor war schon seit Juni 1887 Vorsitzender des Wittenberger Radfahrervereins. Die Engländer hatten die damals in Mode stehenden Hochräder in Wittenberge eingeführt. Am 16./17.12 1907 wurde bei der Stichwahl zur Stadtverordneten-Versammlung Fabrikbesitzer Charles Naylor in die Funktion eines Stadtverordneten gewählt. Im Jahre 1909 wurde in Wittenberge der Fußballclub „Minerva" von Beschäftigten des Singerwerkes und der Naylorschen Tuchfabrik gegründet.

Mit dem 21. Oktober 1908 traten Arbeitzeiteinschränkungen auch in der Firma Naylor in Kraft. Die Arbeitszeit lag zwischen 07.00 und 17.00 Uhr, an den Sonnabenden ruhte die Arbeit. Das war für damalige Verhältnisse noch sehr ungewöhnlich. Aber im Jahre 1910 wurde von 06.00 Uhr bis 18.00 Uhr gearbeitet. Etwa 200 Webstühle waren nun in der Tuchfabrik vorhanden. Die sozialen Verhältnisse der vielen beschäftigten Frauen waren sehr primitiv. Viele Frauen und Männer der ca. 700 Beschäftigten kamen auf Holzpantinen in die Fabrik. Als Waschgelegenheiten dienten ihnen Wassereimer. In der Stadt Wittenberge nannte man die Tuchfabrik allgemein „Lumpenstampfe".

Abb. 41   Die Naylorsche Tuchfabrik, vom Elbhafen aus gesehen.

Abb. 42   Beschäftige der Tuchfabrik 1899

Abb. 43   Arbeiter der Naylorschen Tuchfabrik (1899)

Abb. 44   Gruppe von Arbeitern der Naylorschen Tuchfabrik (1899)

Seit 1885 gab es übrigens für recht kurze Zeit eine zweite Shoddyfabrik in unserer Stadt, nämlich die **Firma Gänicke & Becker KG.** Sie wurde später von der Firma Salomon Herz aufgekauft. Neben dem Grundstück wurde eine Strohmühle[205] errichtet, die eines Tages abbrannte.

4.3. Die „Vereinigten Märkischen Tuchfabriken AG"

1911 wurden fünf Tuchfabriken zur **„Vereinigten Märkischen Tuchfabriken AG"** zusammengeschlossen.[206] Der zentrale Sitz der Vereinigung befand sich in Berlin-Niederschöneweide. Der Wittenberger Teilbetrieb, die Kunstwolle- und Tuchfabrik J. Naylor, hatte 1912 ca. 500 Beschäftigte.

Am 06.10.1913 wurde für die Betriebskrankenkasse der Vereinigten Märkischen Tuchfabriken AG Wittenberge eine neue Satzung beschlossen. Darin war der Tages-Grundlohn in zehn Klassen eingeteilt, und zwar von 6,00 M bis 1,50 M. Auch das Sterbegeld war für diese zehn Klassen differenziert von 150 M bis 40 M gestaffelt.

Die Naylorsche Tuchfabrik war im Ersten Weltkrieg (1914) infolge eines Staatsauftrages zur Herstellung von Decken voll ausgelastet. Auch in den folgenden Kriegsjahren wurden feldgraue Tuche für die Soldaten gefertigt. Das sicherte die Beschäftigung der Arbeiter der Wittenberger Tuchfabrik.

Die Pensionskasse für Angestellte und Arbeiter der „Vereinigten Märkischen Tuchfabriken AG", die mit einem Kapital von 300 000 Mark auf Beschluss der beiden letzten ordentlichen Generalversammlungen begründet wurde, hatte am 08.11.1918 die landesherrliche Genehmigung erhalten. Durch dieselbe erhielten alle Angestellten und Arbeiter, die ununterbrochen 12 Jahre bei der Gesellschaft oder ihren Vorgängern beschäftigt waren, das Recht, ihre Pensionierung zu beantragen. Die Höhe der Pension schwankte zwischen einem Viertel des Jahresverdienstes und 2 250 Mk. als Maximum.

Als sich am 09. November 1918 in Wittenberge ein Arbeiter- und Soldatenrat konstituierte, waren unter seinen 21 Mitgliedern ebenfalls Arbeiter der Naylorschen Tuchfabrik. Am folgenden Tage wurde auf dem Rathausvorplatz das Bestehen der deutschen Republik ausgerufen.

Schon am 19.10.1919 lag eine Konstruktionszeichnung für ein neues Spinnereigebäude auf dem Wittenberger Fabrikgelände vor. Die Zeichnungen waren durch Architekt und Regierungs-Baumeister Prof. H. Dernburg, Berlin, Lützowufer 18, angefertigt und von ihm unterzeichnet. Der Antrag für den Neubau einer Spinnerei und gleichzeitig zur Herstellung der Uferbefestigung am Betriebsufer des Elbhafens wurde am 06.12.1919 gestellt. Bereits unter dem 10. Januar 1920 erfolgte die Genehmigung für den Neubau des Spinnereigebäudes. Nach den Bauakten war es bereits am 18.01. rohbaufertig. Die Gebrauchsabnahme für das Spinnereigebäude am 18. August 1921 ergaben keine Mängel. Aber der Gebrauchsabnahmeschein wurde erst am 05. März 1922 übergeben. Bis 1922 entstanden auf dem Gelände des ehemaligen Gartenlokals „Tivoli" weitere Neu- und Erweiterungsbauten der Vereinigten Märkischen Tuchfabriken AG.

„Zwischen der Vereinigten Märkischen Tuchfabriken Aktiengesellschaft einerseits und Herrn **William Naylor** in Wittenberge (Bez. Potsdam) andererseits" wurde am 11. Oktober 1920 ein Vertrag geschlossen, der William N. die Aufsicht über die Kunstwoll-Abteilung und Reißerei in Wittenberge übertrug. William Naylor war stellvertretender Direktor und Teilprokurist.

Im Februar 1923 wurde der Hauptdampfschornstein in der Wittenberger Fabrik von 45 auf 57 Meter erhöht. Etwa zu dieser Zeit wurden folgende Energiemaschinen erwähnt: 1 Dampfturbine von 970 kW und 1 Dampfmaschine von 500 PS.

Am 10. September 1923, also in der Hochzeit der Inflation[207], meldete die „Volkszeitung", Wittenberge:

„Anläßlich des Streiks bei der Märkischen Tuchfabrik sind an freiwilligen Spenden von der hiesigen Geschäftswelt 98 Millionen Mark und einige Lebensmittel sowie von den Betrieben der Stadt 1.363.459.093 Mark zur Unterstützung der Streikenden eingegangen. ...."

Im Zeitraum vom 02.05.1924 bis zum Ende der Existenz der Wittenberger Tuchfabrik (1931) gab es zahlreiche Berichte über immer wieder notwendig werdende Satzungsänderungen der betrieblichen Krankenkasse durch den zuständigen betrieblichen Ausschuss. Neue Krankenkassenordnungen bzw. Nachträge dazu und erforderliche Änderungen der Beitragssätze (z.B. 1928 von 5 ½ % auf 6 %, späterer auch weitere Erhöhungen) wurden durch das zuständige Gremium beschlossen. Als Vorsitzender zeichnete damals Direktor Theodor Stampfer verantwortlich[208]. Geschäftsführer war der Kaufmann Paul Seifert.

Für das Geschäftsjahr 1929 der Betriebskrankenkasse veranschlagte man z.B.:

Ausgaben:

Ärzte	9 000 M
Zahnärzte	2 500 M
Arzenei- und Hilfsmittel	6 000 M
Krankenbehandlung ...	400 M
Krankenhausbehandlung	3 200 M
Krankengeld	15 000 M
Haus- und Taschengeld	300 M
Woche- pp Geld	4 000 M
Sterbegeld	200 M
	400 M
Ausgaben insgesamt:	41 000 M
Erwartete **Einnahmen** bei 6 % Beiträgen	40 000 M

Einer Beitragserhöhung auf 6 % stimmte der Ausschuss damals nicht zu, weil er nach Meinung des beratenden Ausschusses ohnehin nicht ausreichte. Am 05. Januar 1929 teilte die Betriebskrankenkasse der Versicherungsanstalt in Wittenberge in einem Schreiben mit, daß der Krankenstand in den letzten 14 Tagen vom normalen Stand auf über das Doppelte gestiegen wäre und am 10. Juli desselben Jahres war einem Schreiben der Betriebskrankenkasse an das Versicherungsamt Wittenberge hinsichtlich der erforderlichen Beitragserhöhung zur Betriebskrankenkasse zu entnehmen:

„Bei Beginn der Sitzung hat das wortführende Ausschußmitglied Witte klipp und klar erklärt, daß er seine Zustimmung prinzipiell verweigere und nur der Gewalt weiche." Witte meinte mit Gewalt die unmittelbare Anweisung durch die vorgesetzte Behörde.

Abb. 45 Hafenbrücke (nach 1928),
(links das neue Spinnereigebäude)

Wegen Lohndifferenzen streikten die Beschäftigten der Märkischen Tuchfabrik ab dem 30. Januar 1930 einen Monat lang. Schließlich wurde die Produktion der Wittenbergeschen Tuchfabrik eingestellt.

Sämtlichen Beschäftigten wurde zum 31.12.1931 gekündigt. Die Verluste der Märkischen Tuchfabrik in Wittenberge hatten bis Jahresmitte einen Betrag von 581 599 RM erreicht.

Als im März 1935 die Errichtung der **„Norddeutschen Maschinenfabrik G.m.b.H."** (Nordeuma), eines Rüstungsbetriebes, auf dem von der ehemaligen Märkischen Tuchfabrik gekauften Gelände begann, erfolgte der Abbruch nicht benötigter Fabrikgebäude ab dem 01. April 1935.

Zu dem Plan wurde zusätzlich angegeben, daß die 44 eingezeichneten Gebäude auf einem 40 000 m² großen Grundstück stehen. Die Länge der Kaimauer zum Stadthafen betrug ca. 200 Meter. Auf dem Fabrikgrundstück waren rund 515 Meter Gleise (davon 347 m Abstellgleise) vorhanden.

Folgender Maschinenpark war laut der dem Situationsplan beigefügten Aufstellung einst in der Wittenberger Tuchfabrik vorhanden gewesen:

- 26 Fachmaschinen, Reißmaschinen, Lumpenhacken u.a.,
- 24 deutsche und engl. Krempel mit automatischen Vorlagen,
- 40 deutsche und engl. Selfaktoren mit je 3-400 Spindeln,
- 340 Webstühle von 1800-3000 mm Arbeitsbreite,
- 5 Zwirnmaschinen,
- 12 Schermaschinen,
- 12 Waschmaschinen,
- 23 Walkmaschinen,
- versch. Färberei- und Waschmaschinen,
- eine vollständige Einrichtung für Extraktion, Destillation zur Ölgewinnung und Seifenherstellung,
- eine vollständige Reparaturwerkstatt für Tischler-, Zimmer-, Schlosser-, Schmiede- und Dreharbeiten,
- Die betriebliche Feuerwehr verfügte über 15 Überflur-Hydranten; 1 Motorspritze mit Schlauchmaterial.

Am 17. April 1935 erhielt die Firma SOLO Fabrikations- und Vertriebsgesellschaft für technische Erzeugnisse , Berlin W 8, die Genehmigung zum Abbruch der Gebäude 4-8, 11, 13-30, 32, 35, 38, 40, 41, 42 und des Wohnhauses Große Tivolistr. 11. Mit dem Abbruch wurde am 24. April 1935 begonnen. Am gleichen Tage wurde ein Antrag zum Bau einer ergänzenden Umfassungsmauer am Eingang zum früheren „Tivoli"-Grundstück gestellt. Die gesamte Umfassungsmauer des künftigen Rüstungsbetriebes NORDEUMA[209] an der heutigen Bad Wilsnacker Straße sollte mit einer Stacheldrahtsicherung versehen werden.

5. Kleinindustrie in Wittenberge

In dem sehr komplexen, aber auch komplizierten Verlauf des Prozesses der Industrialisierung Wittenberges entstanden aus handwerklichen Unternehmungen zum Teil kleine Manufakturen und Kleinstindustrien, die über ihre ursprüngliche lokale Bedeutung hinaus auch in der erweiterten Region eine Rolle spielten. An einige solcher Betriebe soll in diesem Zusammenhang erinnert werden.

5.1. Die Fettfabrik der Gebrüder Krause

Abb. 47   Werbeanzeige

1869 gründeten die Brüder Louis Krause und Robert Krause in der früheren Perleberger Vorstadt 33c[210] ihre chemische Fabrik. Sie war die „älteste Fett- und Oelfabrik am Platze", wie in Werbeinseraten zu lesen war. Ihr gesetzlich geschütztes Logo (No. 129248) lautete: Gut kauft, wer dies wählt.

Den Anzeigen in alten Wittenberger Adressbüchern ist folgende Produktionspalette dieser Fett- und Ölfabrik zu entnehmen:

- Herstellung sämtlicher Schmiermittel für landwirtschaftliche und industrielle Zwecke, wie Maschinen- und Zylinderöle, konsistentes Maschinenfett, Lederfett, Riemenwachs, Tran.

- Spezialitäten: Superior-Naturwagenfett, Alaskarin-Ledersalbe, Teerprodukte jeder Art wie: Dachteer, Carbolineum und Peche.

1871 wurde die Produktion von Dachpappe aufgenommen. Die Erzeugnisse der Firma Gebr. Krause wurden auf vielen Ausstellungen prämiiert.[211] Die Waren wurden sowohl in die eigene Provinz wie auch in ganz Deutschland verkauft und

z.T. nach Holland, England, Sibirien und China exportiert. Beliefert wurde damals ebenfalls die hiesige Eisenbahn-Hauptwerkstatt.
Die Fettfabrik besaß eine eigene Böttcherei und Klempnerei.

**Abb. 47 Geschäfts- und Wohnhaus der Firma Gebr. Krause,
Wittenberge, Perleberger Straße 34**

Der Mitgeschäftsinhaber **Robert Krause** schied 1884 aus der gemeinsamen Firma aus und gründete 1885 eine eigene Fettwarenfabrik in der späteren Perleberger Straße 31.[212] Somit war der alleinige Besitzer und Inhaber der Firma „Gebrüder Krause" nun **Louis Krause**[213].

Abb. 48 Louis Krause

Louis Krause, *„ein in Wittenberge geachteter Bürger und gut angesehener Geschäftsmann und Fabrikbesitzer, dem in allererster Linie das Wohl und Wehe seiner von ihm sehr geliebten Vaterstadt Wittenberge am Herzen lag."*[214] Aus mündlichen Überlieferungen ist bekannt, dass sich der Fabrikbesitzer Louis Krause auch um das Wohl seiner Arbeiter und deren Familien kümmerte. *„Wenn* *einer seiner Arbeiter krank wurde, hat er ihn besucht und dazu einen Korb mit Überraschungen mitgebracht.*[215]

Nach dem Ableben von Louis Krause wurde die Firma Gebr. Krause gemeinsam durch seinen Sohn **Georg Krause**[216] und dessen Schwester **Margarethe Krause** weitergeleitet. Firmeninhaber waren nun alle sechs Kinder[217] des Verstorbenen.

Abb. 49   **Abb. 50**
Georg Krause   **Margarethe**
          Krause

Mit Magistratsbeschluss[218] vom 14. April 1930 wurde die damalige Wittstocker Straße zu Ehren von Louis Krause in **Krausestraße** umbenannt.[219]

Auf Grund der „Verordnung zur Freimachung von Arbeitskräften" und auf Weisung der Reichsstelle für Mineralöle wurde die Firma Gebr. Krause mit Wirkung vom 01. August 1943 mit der Fettwarenfabrik von Robert Krause (Inhaber Emil Wiglow und Dr. Hermann Wiglow)[220] auf der Basis eines Gesellschaftsvertrages zu einer „Kriegsarbeitsgemeinschaft" zusammengelegt. In den Fabrikationsräumen, Perleberger Straße 34, wurde nun gemeinschaftlich in fairer Zusammenarbeit produziert.

Abb. 51   Anzeige in einem
Wittenberger Adressbuch

5.2. Die Chemische Fabrik des Robert Krause

Abb. 52   Werbeanzeige im Adressbuch
der Stadt Wittenberge (1935/36)

Kaufmann <u>Robert</u> Julius August Krause, der Sohn eines Huf- und Waffen-
schmiedemeisters in Groß Beuster und Bruder von Louis Krause, dem Gründer
der früheren Chemischen Fabrik Gebr. Krause, trat 1884 aus dieser gemeinsa-

men Firma aus, um am 18. April 1885 seine eigene Firma, die **Wittenberger Fettwarenfabrik Robert Krause,** zu gründen. Auf dem Hofe des durch ihn von einer früheren Lumpenhändlerin Wolf erworbenen Grundstücks Perleberger Vorstadt 33b[221] hatte Robert Krause seine Fabrikationsräume errichtet. Die heute noch stehende Villa an der Perleberger Straße ließ er 1886 durch den örtlichen Bauunternehmer Gustav Magnus Appel erbauen. Das Kontor seiner Firma befand sich ursprünglich in der damaligen Chausseestraße 33.

Abb. 53
Robert Krause

Abb. 54 Villa an der Perleberger Straße 31

Das Produktionsprofil der Fettwarenfabrik umfasste u.a. Technische Öle und Fette sowie Holzimprägnierungsmittel. Diese Waren wurden auch nach Dänemark, Schweden, Russland, England, Holland, Frankreich, Portugal und in die USA exportiert, wie den Verwaltungsberichten der Stadt Wittenberge von 1896 bzw. 1902 zu entnehmen ist.

Nachdem Robert Krause Ende September 1891 verstorben war, wurde am 19.12.1891 zwischen seiner Witwe Anna Krause und dem jungen **Kaufmann Emil Karl Heinrich Wiglow**[222] ein Societätsvertrag[223] zur Übernahme des Fabrikationsgeschäftes geschlossen. Ab 01.01.1892 waren die gemeinschaftlichen Inhaber der Fettwarenfabrik Robert Krause der Kaufmann Emil Wiglow und Witwe Anna Krause. Der Firmenname wurde nicht geändert.

Schließlich wurde alleiniger Geschäftsführer der **Kaufmann Emil Wiglow.** Zum Bevollmächtigten der Firma wurde ferner der seit 10.11.1891 fungierende Vormund der Robert Krauseschen Kinder, Bankier und Stadtrat Heinrich Wiglow[224], ernannt.

Abb. 55   Emil Wiglow

Am 24. März 1892 hatte Emil Wiglow dann die Hälfte des Firmengrundstücks käuflich erworben. Nach der Wiederverheiratung der Wwe. Anna Krause mit Kaufmann und Gutsbesitzer Arthur Elsner, Bunzlau, am 08.08.1896 trat Frau Elsner verw. Krause am 01. Januar 1897 aus dem Geschäft aus. Kaufmann Emil Wiglow war ab 05.02.1897 alleiniger Besitzer des ganzen Firmengrundstücks.

Die Firma Fettwarenfabrik Robert Krause wurde ab 01. Januar 1903 in eine Offene Handelsgesellschaft (OHG) umgewandelt. Inhaber der Firma waren schließlich Emil Wiglow, Brandenburg, und sein Sohn, der Chemiker Dr. Hermann Wiglow, Wittenberge.

Am 01.08.1943 wurde die Firma auf Grund der „Verordnung zur Freimachung von Arbeitskräften" auf Weisung der zuständigen Reichsstelle für Mineralöle mit der Firma Gebr. Krause auf der Basis eines Gesellschaftsvertrages zu einer „Kriegsarbeitsgemeinschaft" zusammengelegt.[225]

In die freigewordenen Fabrikationsräume in der Perleberger Straße 31 zog nach Verhandlungen des Besitzers Emil Wiglow die in Berlin-Schöneberg ausgebombte **Chemische Fabrik „Hydra" Petzold & Co.** ein. Sie produzierte hier bis 1972 insbesondere Desinfektionsmittel, später als alleinige Firma in Deutschland besonders Toilettensteine und andere chemische Erzeugnisse für Haushalte.

1972 erfolgt die Umwandlung der Firma sowie ihr Zusammenschluss mit der ehemaligen Seifenfabrik von Schumann & Wille, Packhofstraße[226], in einen volkseigenen Betrieb: **VEB Haushaltreiniger.** Durch sie erfolgte später die Produktion von „Allesrein" u.a.m. 1992 ging der volkseigene Betrieb in Liquidation.[227]

5.3. Die Tesmersche Seifenfabrik

Der Seifensiedermeister Heinrich Daniel Gottlieb **Tesmer** in der Stadt Lenzen war im Jahre 1844 gestorben,. Er hinterließ u.a. zwei Söhne, die ebenfalls Seifensieder waren. Der ältere von ihnen, Friedrich Ludwig **Adolph** Tesmer, kaufte am 14. März 1846 in Wittenberge das Grundstück Burgstraße 4 von den Eheleuten Gendarm Penning und ließ auf dem erworbenen Grundstück, an die Gasse Hinter den Planken angrenzend, eine Seifensiederwerkstatt durch den damaligen hiesigen Maurermeister Schlungbaum erbauen. Noch im gleichen Jahr war die **Seifensiederei der Gebr. Tesmer** in Wittenberge als Firma eingetragen. Inhaber waren <u>Adolph</u> und Christian <u>Ludwig</u> Wilhelm Tesmer. Der dritte, jüngste Bruder, <u>Hermann</u> Christoph Johann, wurde Kaufmann. Er wurde erst im Jahre 1856 Bürger der Stadt Wittenberge, nachdem er hier sein Bürgergeld an die Stadtkasse entrichtet hatte. In den folgenden Jahren wurden mehrere Ergänzungsbauten auf dem Areal Burgstraße 4 errichtet, zum Beispiel ein „Feuerungsgebäude" und Trockenschuppen für die hergestellte Seife.[228]

Allem Anschein nach, reichten aber bald die handwerklichen Produktionsräume für die Seifenherstellung nicht mehr aus, so dass **Ludwig und Hermann Tesmer**[229] am 29. Mai 1861 von Bäckermeister August Friedrich Handschu das Scheunengrundstück Chausseestraße 32 zwecks Verlegung der Seifensiederei dorthin für 1 000 Taler kauften. Am 12. Juni 1861 stellten beide Käufer beim Wittenberger Magistrat den Antrag auf Neubau eines massiven, zweigeschossigen Wohnhauses auf ihrem Grundstück.[230] Die Verlegung der Seifensiederei nach dort erfolgte 1862. Gegenüber dem Magistrat gaben die Firmeninhaber an, dass sie in ihrer neuen Fabrik, der **„Seifen-, Soda- und Parfümfabrik Gebr. Tesmer"**, Kernseifen (Schmier- und Riegelseife) sowie Leimseifen produzierten, und zwar aus Leinöl, Palmöl, Kokosöl und Talg.[231]

**Abb. 55 Wohnhaus der Familie Tesmer
in der früheren Chausseestraße**

Als sich im Oktober 1879 der Lehrer Theodor Mandel von der unmittelbar benachbarten Schule bei der „löblichen Polizeiverwaltung Wittenberge" beschwer-
te, da *„die lästige, den Unterricht störende, die Gesundheit der Schüler und
Lehrer gefährdende Nähe des Tesmerschen Fabriketablissements bei dem Schulgebäude in der Chausseestraße"* hierfür Anlass genug war, musste die Firma
Tesmer im Ergebnis der Beschwerde die Fenster des Produktionsgebäudes zum
Schulgrundstück hin zumauern lassen.[232]

Abb. 57 Zeitungsanzeige

Zu dieser Zeit hatte sich besonders **Hermann** **Christoph Johann Tesmer** zu
einer herausragenden Persönlichkeit im öffentlichen Leben der Stadt Wittenberge entwickelt. Als langjähriger Stadtverordneter in Wittenberge, stellvertretender
Vorsitzender des Stadtverordneten-Kollegiums (1885-87), Stadtverordnetenvorsteher, Mitglied des Kreistages und des Kreisausschusses erwarb er sich für
Wittenberge große Verdienste. 1882 war Hermann Tesmer sen. auch zum Vorsitzenden des sich neu gründenden „Verschönerungsvereins" gewählt worden
und 1884 wurde er als Vorsitzender des Handwerkervereins in Wittenberge genannt.[233]

Abb. 58 Hermann Tesmer

Nachdem Ludwig und Hermann Tesmer sen. am 22. April 1873 vom Königlichen Steuerfiskus das vormalige Haupt-Steuer-Amts-Etablissement zu Wittenberge in der damaligen Mühlenstraße 29[234] für 15 060 Taler erworben hatten, ließen die Gebrüder Tesmer auf diesem Gelände 1888 eine neue, moderne Seifenfabrik erbauen. Durch Erbfolgen hatte sich die Anzahl der Firmeninhaber verändert.

Abb. 59 Verpackung der Lilienmilch-Seife

Hermann Tesmer sen. gründete am 01.02.1892 auf dem Areal an der damaligen Herzstraße eine neue Firma, die **Brennstoff-Handelsgesellschaft Hermann Tesmer**, für die auch ein Gleisanschluss mit der Bahn vereinbart wurde.

Mit Ausbruch des Zweiten Weltkrieges wurde bald die Seifenfabrikation eingestellt, da die Fachkräfte zum Kriegsdienst einberufen worden waren. Erst 1945 nahm das Unternehmen die Herstellung von Seife[235] wieder auf, bis schließlich die Auflösung der Firma im Jahre 1952 erfolgte. Die Brennstoff-Handelsgesellschaft Tesmer existierte noch bis 1972.

5.4. Die Bonbonfabrik Wittes Söhne

Das 1903 fertiggestellte Geschäfts- und Wohnhaus der ehemaligen Süßwarenfabrik von Wittes Söhnen in der Schillerstraße 1 ruft trotz seines heute desolaten Zustandes bei vielen älteren Einwohnern unserer Stadt noch Erinnerungen an glanzvollere Tage dieser Firma hervor.

Der Sohn eines Konditors und ab dem 09. Juli 1845 mit dem Amt eines „Auctions-Commissairs in außergerichtlichen Angelegenheiten" betraute **Johann Joachim Heinrich Witte**, Bahnstraße 6, hieß **Eduard Witte**[236] und war auch Konditormeister von Beruf. Letzterer wird als der Gründer der Firma genannt. Die Gründung der Firma erfolgte am 01. August 1873.

Eduard Witte erbaute im Jahre 1881 auf dem damals zum „Hotel Germania" gehörenden Gartengrundstück an der Bahnstraße das **„Café Central"**[237] mit Kaffeegarten und großer Kegelbahn. Er selbst nannte sich schon „Hoflieferant", eine Bezeichnung, die in damaliger Zeit einen besonderen, hervorgehobenen Status des handwerklichen Betriebes ausdrücken sollte. Mit Fertigstellung des Fabrik- und Wohngebäudes im September 1903 für eine Bonbonfabrik in der Schillerstraße 1[238] wurde auch ein Ladengeschäft in diesem Hause eröffnet. Die Firma trug jetzt die Bezeichnung **„Eduard Witte's Söhne G.m.b.H."** – Bonbon-, Schokoladen-, Honigkuchen- und Zuckerwarenfabrik -. Die Inhaber waren der **Kaufmann Eduard** (* 1874), **Kaufmann Karl** (* 1881) **und Alfred Witte**.

Abb. 60   Werbeanzeige

Abb. 61 Briefkopf der Firma Eduard Witte's Söhne

Ihre mehrfach mit Diplomen ausgezeichneten Erzeugnisse wurden nicht nur von der Wittenberger Einwohnerschaft geschätzt und im näheren Prignitzer Umfeld der Elbestadt vertrieben, sondern gingen auch in den Export. Darauf wurde im Briefkopf des Unternehmens gebührend aufmerksam gemacht. Die in der Wittenberger Fabrik hergestellten „Alpen-Kräuter-Herbamellen" wurden in der Reklame mit ihren vorzüglichen Eigenschaften angepriesen und auch die kolahaltigen „Kolymenth-Bonbons" stammten aus der *„Spezialfabrik medizinischer Bonbons, feiner Schokoladen- und Zuckerwaren"*.

Der 1933 genannte geschäftsführende Inhaber Karl Witte musste von seinen Mietern im Geschäfts- und Wohnhaus häufig Beschwerden, z.B. über Rußbelästigungen durch die Bonbonfabrik u.a., entgegennehmen und führte auch mit Teilhabern der Firma umfangreiche rechtliche Auseinandersetzungen. Von 1934 bis 1941 lief ein Vergleichsverfahren mit der Firma.

Abb. 62 Werbedrucke

71

Als Karl Witte im Jahre 1946 gestorben war, übernahm zunächst in schwieriger wirtschaftlicher Zeit seine Ehefrau Hedwig die Weiterführung des Geschäftes. Unter dem 11.01.1946 wurde ihr vom Oberbürgermeister in Wittenberge ein „Dauerpassierschein"[239] ausgestellt, der sie *„zum jederzeitigen Passieren der Elbe von und nach der Altmark mit dem Auto hin und zurück"* zu fahren berechtigte.

In der damaligen regionalen Tageszeitung „Märkische Volksstimme" vom 18. Mai 1946 war zu lesen:

„.....Die Tagesleistung der Zucker-Kochmaschine beträgt 40 Zentner. Gegenwärtig werden 20 Ztr. täglich verarbeitet. ..... Der Betrieb ist vom Provinzial-Ernährungsamt angewiesen worden, monatlich 50 t Zucker zu verarbeiten. Seit Wiederingangsetzung des Betriebes sind 160 Ztr. und die dazugehörige Menge Sirup zu Bonbons verarbeitet worden. ....."

Die Tageszeitung „Tägliche Rundschau" schrieb unter dem 21. Mai 1946:

„Seit Beendigung des Nazikrieges ruhte in Wittenberge der Betrieb Eduard Witte, der zu den größten Zuckerwarenfabriken der Provinz Mark Brandenburg gehörte. Nunmehr wurde die Fabrik wieder in Gang gesetzt. Wenn es die wirtschaftlichen Verhältnisse später erlauben, will man auch zur Schokoladen- und Pralinenfabrikation übergehen."

Aus einer den einschlägigen Archivalien im Wittenberger Stadtarchiv beigefügten „Preisfeststellung" für Zuckerwaren kann man entnehmen, dass die Bonbonfabrik damals z.B. für 100 kg Weiß- und Rohzucker 66,00 RM zahlen musste. Der Preis für „einfache Bonbon-Sorten mit Fruchtfüllung" betrug seit 1939 unverändert 1,34 RM je Kilogramm, für „Bonbons mit Nougat-, Nuss- und Marzipanfüllung" 1,96 RM.

Mindestens seit 1948 zeichnete die Firma:

„Eduard Witte's Söhne K.G., Inhaber Hildegard Fritze & Co.".

Sie war im Handelsregister unter # 554 Wi eingetragen. Neben der Komplementärin Hildegard Fritze geb. Witte, die 58,3 % der Geschäftsanteile innehatte, war die Kommanditistin Edith Müller mit 41.7 % Geschäftsanteilen beteiligt.

Am 31. März 1959 stellte die Firma ihre Produktion ein, sie ging in Liquidation. Später befand sich in den unteren Räumen des großen Hauses ein Geschäft des VEB Dienstleistungskombinates Wittenberge, das Dekorationsleistungen für die Geschäftswelt und die Einwohnerschaft anbot.

5.5. Die „Erste Wittenberger Dampfseifenfabrik Schumann & Wille"

Abb. 63   Werbebild der Firma Schumann & Wille

Am 05. Dezember 1900 meldet Albert Schumann sein Gewerbe einer Seifenfabrik bei der Stadtverwaltung in Wittenberge an. Mitinhaber des Unternehmens war der Kaufmann Rudolf Wille.[240]

Am 21.12.1900 war der Aufbau des Fabrikgebäudes[241] beendet und es wurde zur baupolizeilichen Abnahme angemeldet.

Ein Bauantrag zur Errichtung eines Pferdestalles mit Kutscherwohnung wurde am 18.10.1904 gestellt. Im Jahr 1907 erfolgt ein Anbau an das Fabrikgebäude und die Anschaffung eines Siedekessels, 1912 wurde als Erweiterungsbau ein Lagerschuppen gebaut.

Der Firmenname lautet „**Schumann & Wille. Erste Wittenberger Dampfseifenfabrik**". Sie befand sich in der früheren Packhofstraße 25.[242]. Die Seifenfabrik verfügte über ein eigenes Anschlussgleis.

Hergestellt wurden in dieser Seifenfabrik Haus- und Feinseifen, Seifenpulver, Parfümerien. 1913 erfolgte die Einführung des Schnellwaschmittels „Ragoda".[243] In einem wiederum neuen Briefkopf der Firma wurden folgende Erzeugnisse hervorgehoben:

⇨Specialitäten: „Ragoda" Schnellwaschmittel, „Dr. Schmitt`s" Patent-Seife, Salomba-Waschmittel; Toiletten-Seifen: „Ladoli" Kinder-Seife, „Floretti" Fett-Seife, „Daboja" Fett-Seife, „Purelia" Fett-Seife (No. 600)⇦.

Abb. 64 Werbemarken zum Aufkleben

Noch 1913 wurde erstmals das Vorhandensein einer Glyzerin-Fabrik erwähnt. Im Jahre 1918 ließen die Fabrikbesitzer ein eigenes Wohnhaus bauen und im Oktober 1919 erhielt das Gesamtgrundstück, das inzwischen wesentlich erweitert war, einen schmückenden Einfriedungszaun.

Der „Wirtschafts-Wegweiser für Wittenberge und die Kreise West- und Ostprignitz"[244] von 1947 weist diese Seifenfabrik in Wittenberge ebenfalls aus.

Im Januar 1948 stellte die Betriebsleitung für die damals ca. 30 Belegschaftsmitglieder[245] bei der Stadtverwaltung den Antrag auf Ausbau von Belegschaftsräumen im Betrieb. Die Stadtverwaltung stellt diesen Antrag am 29.02.48 mit dem Hinweis auf Befehl Nr. 109 (Landbau) und Nr. 163 zurück. Aus dem Jahre 1970 ist der Umbau eines Maschinenraumes mit Fahrstuhl aktenkundig.

1972 erfolgte die Umwandlung in den VEB Haushaltreiniger, Liebigstraße 4.[246]

5.6. Maschinenfabrik Wittenberge

Das Doppelgrundstück in der Wittenberger Steinstraße 4/5 gehörte um die Mitte des 19. Jahrhunderts der evangelischen Kirchengemeinde Wittenberge. Hier wurden Jahre nach dem großen Stadtbrand von 1757 ein Pfarrhaus[247] und die Küsterei eingerichtet.

Im April 1928 beabsichtigten die **Schlossermeister Dietz und Wilhelm Meyer** ihre 1924 gegründete Schlosserei auf dieses Grundstück zwischen Steinstraße und Hinter den Planken, nahe dem Wittenberger Elbhafen, zu verlegen, weil durch sie *„viel Arbeit für die Schiffahrt auszuführen"* war. Zu diesem Zweck wollten sie das Grundstück Steinstraße 5 käuflich erwerben.[248]

Der Kauf ist offensichtlich zustande gekommen, denn 1931 war in einem Briefkopf des Handwerksbetriebes Dietz & Meyer angegeben „Bau- und Maschinenschlosserei; Fabrikation von Drahtgeflechten". Zwischenzeitlich waren dann bis 1943 eine Reihe von Ergänzungs- und Umbauten auf dem Grundstück zwischen Steinstraße und Hinter den Planken ausgeführt worden. Ab 1952 ist in der Bauakte von dem Doppelgrundstück Steinstraße 4/5 die Rede und als Firmeninhaber nur noch Schlossermeister Wilhelm Meyer genannt. Nun wurde auf den geschäftlichen Briefbögen des Handwerksbetriebes über das Produktionsprofil gesagt: „Spezialbetrieb für Schiffsmaschinen; Maschinenbau und Eisenkonstruktionen. Instandsetzung und Neubau von Schiffsdieselmaschinen."

1954 erfolgte nach Fortgang des Schlossermeisters Wilhelm Meyer aus der ehemaligen DDR in die Bundesrepublik Deutschland die Umwandlung des Betriebes in **VEB (K) Maschinenfabrik Wittenberge**. Sie wurde als ein Zulieferbetrieb für den Schiffbau gebildet. Betriebsleiter wurde Wilhelm Stech (KPD).

Am 01. Januar 1981 ging der VEB Maschinenfabrik in den VEB Anhängerbau Wittenberge über. Dieser vereinigte volkseigene Betrieb gehörte zum VEB Kombinat Schweriner Metallwaren.

6. Die Bedeutung der Elbschifffahrt für die wirtschaftliche Entwicklung der Stadt

Von dem insgesamt ca. 1 160 km langen Elbstrom sind etwa 830 km schiffbar. Wittenberge liegt bei Elbkilometer 455. Das Gefälle des Flusses von Wittenberge bis zur Mündung beträgt rund 25 Meter. Die Breite der Elbe bei Wittenberge beträgt bei „Mittelwasser" etwa 250 Meter.

1820 wurde der Hammelwerder[249] durchstochen, die **jetzige Hafeneinfahrt** entstand dadurch. Schon damals wurde eine durchgreifende Regulierung des Hafens als erforderlich erkannt, denn 1819 war das Hauptzollamt auf der Elbe von Lenzen nach Wittenberge verlegt worden. Ihm diente der hiesige Elbhafen als Revisionshafen. 1824 wurden Fährtarife für das Überqueren des Elbstroms und der „Dowen Elbe"[250] festgelegt.

Ab 1829 nahm man amtliche Ablesungen des Wittenberger Elbpegels vor. Waren es ursprünglich ausschließlich Segelschiffe, welche die Elbe befuhren, so legte 1820 das erste Dampfschiff der Passagierlinie Hamburg-Berlin in Wittenberge an. Aus einem einstigen Elbarm entstand von 1832 bis 1835 der erweiterte Wittenberger Hafen. In diesem Zusammenhang wurde ab 1833 auch der sogenannte Hafendeich[251] aufgeschüttet.

In jenen Jahren hatte die Schifffahrt auf der Elbe außerordentlich zugenommen, obwohl die Tonnage des größten Schiffes damals nur 159 t betrug. Bereits 1837 hatte der Reeder Andreae gemeinsam mit Magdeburger Kaufleuten in Magdeburg eine Aktiengesellschaft zur Aufnahme der Dampfschifffahrt zwischen Magdeburg und Hamburg gegründet.[252] Am 23. September 1837 endlich begannen die regelmäßigen Passagierfahrten. Noch 1842 machten die Personenfahrzeuge nur 2 bis 3 Reisen im Jahr zwischen Magdeburg und Hamburg.[253] Am regelmäßigen Passagierverkehr zwischen Hamburg und Berlin waren drei Dampfer beteiligt. Der Wasserweg Hamburg-Berlin betrug 51 Meilen. Er war um 12 Meilen länger als der Postweg. 1841 bestand bereits ein regelmäßiger Schleppdienst auf dieser Strecke mit sechs Dampfern und fünf Schleppkähnen. Im Jahre 1844 wurden bei 289 Doppelfahrten zwischen Magdeburg und Hamburg rund 24 000 Personen und annähernd 11 800 t Güter befördert.

Nachdem 1846 Wittenberge an das Eisenbahnnetz angeschlossen worden war, wurde der Wettbewerb zwischen beiden Verkehrsträgern immer fühlbarer. Die Fahrgastschifffahrt mußte eingestellt werden, da sie nicht mehr rentabel war.

1857 kam der erste Schleppdampfer mit zwei Kähnen nach Wittenberge. Inzwischen war das bis dahin allein gebräuchliche Schaufelrad durch die bis heute übliche Schiffsschraube ersetzt worden.

Unter den 6 941 Einwohnern waren 1867 insgesamt 18 Schiffer in Wittenberge registriert.

Die damals noch bestehende Ungleichheit in der Regulierung der Elbe veranlasste die „Vereinigte Hamburg-Magdeburger Dampfschiffahrts-Compagnie" im Jahre 1863 zur Einführung der Kettenschiffahrt.[254] Die Schleppkette wurde zunächst versuchsweise auf der 5,6 km langen Strecke zwischen Magdeburg-Neustadt und Buckau verlegt, welche infolge der hier herrschenden starken Strömung und der damals noch vorhandenen Hindernisse ziemliche Schwierigkeiten bot. Der regelmäßige Betrieb wurde am 15. August 1866 mit einem Kettendampfer[255] eröffnet. Im Jahre 1868 wurde die Kette auf der Strecke Magdeburg-Niegripp verlegt. 1872 verlief die Kette bereits über

Abb. 65 Kettendampfer auf der Elbe

Wittenberge bis Hamburg.[256] Die Kettenschiffahrt wurde schließlich auf einer Gesamtlänge von 725 km von Melnik bis Hamburg betrieben. Das Gesamtgewicht der Kette betrug 7 000 Tonnen.

Im Laufe der Zeit änderten sich jedoch die Verhältnisse. Die Regulierung des Flussbettes ermöglichte den Dampfschiffen einen größeren Tiefgang. Infolgedessen erhielten auch die Raddampfer und die später auf der Elbe verkehrenden Schraubendampfer stärkere Maschinen, so dass diese Dampfer in ihrer Leistungsfähigkeit den Kettendampfern zunächst gleich kamen. Wegen Unwirtschaftlichkeit wurde der Kettendampferbetrieb zuerst auf der Strecke Hamburg-Niegripp im Jahre 1898 wieder eingestellt.

Mit der Zunahme des Schiffsverkehrs auf der Elbe boten die auf dem Grunde des Stromes seit Jahrzehnten bzw. Jahrhunderten lagernden Eichenstämme immer größere Hindernisse. Hunderte von sog. „Wassereichen" mit einem Durchmesser bis zu 1,20 m wurden auch im hiesigen Elbabschnitt aus dem Strom entfernt. 1930 wurde ein solcher Eichenstamm als „Denkmal" am Friedhofseingang an der Parkstraße aufgestellt.

Abb. 66 Naturdenkmal „Wassereiche"

Von 1888 bis 1890 erfolgte die Erweiterung des Hafens durch Baggerung zum sog. Winterschutzhafen und 1894 wurde der „Königsdeich" bis zur jetzigen Hafeneinfahrt verlängert. Der **Nedwighafen**[257] wurde 1899 hergestellt, und zwar insbesondere als **Flößerhafen.** 1900 betrug die Wasserfläche)unseres Elbhafens (ohne Nedwighafen) ca. 16 ha; die Länge der Kaianlagen: ca. 540 m. Zu dieser Zeit arbeiteten 2 Maschinenkräne, 1 Handkran und 1 Ladebühne am Hafen. Ab 1903 erfolgte der Ausbau des sog. **Singerhafens.**[258]

Gruss aus Wittenberge   Hafen

Abb. 67 Wittenberger Elbhafen um 1913

Die Schifffahrt hatte so zugenommen, dass in den Jahren um 1912 täglich im Durchschnitt 120 Schiffe (Dampfer, Kähne) durch die Elbbrücke bei Wittenberge fuhren, wobei jedes einzelne Schiff etwa die Ladung von Güterzügen mit 70 bis 90 Wagen trug. Der Personenverkehr war schon vor dem Kriege 1914 bis 1918 im Raum Wittenberge gering und beschränkte sich fast nur auf die Strecke von Wittenberge nach Havelberg und auf einige sommerliche Vergnügungsfahrten von Schulen und Vereinen z.B. nach Havelberg oder Lenzen-Thalmühle.

Über zwei Fährstellen verfügte Wittenberge. Die große Fährstelle befand sich etwa am Anfang des späteren „Nedwighafens". Sie stellte die Fährverbindung zum jenseitigen Elbufer her. In den Sommermonaten verkehrte hier auch die sog. „Heufähre"[259]. Eine sog. „Kleine Fährstelle" existierte in der Verlängerung der Bahnstraße. Hier boten zwei Fährkähne die Überfahrt zum „Königsdeich"[260].

Wittenberge   Blick zum Elbdeich aus

Abb. 68 Kleine Fährstelle um 1910

Im Jahre 1925 waren am Verkehr zwischen Berlin und Hamburg über Wittenberge sieben Dampfergesellschaften beteiligt, von denen die „Schlesische
Dampferkompagnie", „Berliner Lloyd", „Neue Norddeutsche Fluß-Dampf-
schiffahrtsgesellschaft" und die „Vereinigte Elbschiffahrtsgesellschaft" wohl die
bedeutendsten waren

Der rege Warenumschlag im Singerhafen hatte einen wesentlichen Anteil an der
Elbschiffahrt im Bereich der Stadt Wittenberge. Vor allem Kohle, Roheisen,
Formsand, Holz und Baumaterialien kamen per Schiff im Singerwerk an. Allein
der Kohlekauf durch die Singerfabrik zeigte für 1927/1928 folgendes Bild:

	1927	1928
deutsche Kohle	12 033 t zu je 20,08 RM	7 810 t zu je 23,63 RM
englische Kohle	2 110 t zu je 23,05 RM	7 432 t zu je 20,03 RM

Die ausländische Konkurrenz infolge ihrer günstige Preise ist aus der Tabelle
ablesbar. Ein Teil der in Wittenberge produzierten Nähmaschinen verließ das
Werk ebenfalls auf dem Wasserwege.

Abb. 69 Dampfer und Kähne im Winterhafen um 1933

Der erhebliche Überfluss an Kahnraum auf den mittel- und ostdeutschen Wasserstraßen, besonders in den Krisenjahren nach 1929, führte seitens der damaligen Reichsregierung 1932 zu einem „Schiffsraumvermehrungsverbot", Dieses
Verbot betraf nicht die westdeutschen Wasserstraßen, da es dort auf Grund der

Konkurrenz ausländischer Flotten vor allem für die deutsche Rheinflotte schwere Benachteiligungen zur Folge gehabt hätte.

Auf Grund dieses Neubauverbotes vom 26. Mai 1932 durfte Kahntonnage nur vergrößert werden, wenn entsprechende Tonnage abgewrackt wurde. Mit dieser Maßnahme sollte ein allmähliches Angleichen der Kahntonnage an die vorhandene Gütermenge erreicht werde. Die wesentliche Folge war jedoch, dass die Flotte veraltete. So hatten 1935 nur 8 % der Binnenschiffe auf der Elbe ohne eigene Triebkraft ein Alter von 5-10 Jahren, während 46 % ein Alter von 30-50 Jahren aufwiesen. Erst am 01. Januar 1938 war das Schiffsraumvermehrungsverbot in vollem Umfange wieder außer Kraft getreten.

Dank seiner günstigen Lage am Schifffahrtsweg Elbe hatte Wittenberge im dargestellten Zeitraum stets eine enge Beziehung zur Elbschifffahrt. Außer den entstehenden industriellen Anlagen hatten daran selbstverständlich auch Handel und Gewerbe in der Stadt einen großen Anteil. 1836 ließ sich die Firma Hoffmann & Römer in Wittenberge nieder. H. Römer besaß schon 1869 den Raddampfer „Hermann"; Richard Genkel war mit 2 Schleppdampfern und Gottlieb Albrecht mit 3 Schleppdampfern hier ansässig. Desgleichen besaß die Firma Gottlieb Neumann, Wittenberge, neben ihrem Großhandel auch Elbschiffe.[261]

In Wittenberge waren folgende kleine Schifffahrtsunternehmen in der Personenschifffahrt vertreten: Adolf Wille mit 2 Personenschiffen, darunter „Sturmvogel" (100 Sitzplätze) und Motorschiff „Schwalbe"; W. Schulze: Dampfer „Möwe" (50 Plätze); L. Friedrichs: Dampfer „Harmonie" (500 Plätze).

Ab 1937 entstand der sog. **Zellwollehafen.** Im Zweiten Weltkrieg wurde die hiesige Schifffahrt ebenfalls in Mitleidenschaft gezogen. Nach dem Zusammenbruch des Hitler-Faschismus im Jahre 1945 lag das Transportwesen, also auch die Schifffahrt, vollkommen am Boden. Wie sah es im Transportzweig Binnenschifffahrt in der damaligen Sowjetischen Besatzungszone aus? Über 2 000 auf dem Grund der Wasserstraßen liegende Wracks und 240 gesprengte Brücken versperrten der Schifffahrt den Weg und behinderten sie noch lange Zeit.

Nach 1945 wurden große Anstrengungen unternommen, um das gesamte Transportwesen wieder in Gang zu bringen. Schon 1946 war es der Binnenschifffahrt möglich, wieder 44 % der Tonnenkilometerleistung von 1932 zu erreichen. Im Jahre 1947 konnte diese Leistung sogar verdoppelt werden. 1949 wurde die Zentrale der Deutschen Schifffahrts- und Umschlagbetriebe (DSU) gebildet.

Der heutige Elbehafen ist ca. 1 000 m lang, hat eine mittlere Breite von ca. 200 Meter.

Durch die Entwicklung Wittenberges zu einer Industriestadt wurde natürlich auch der Wasser- und Schwimmsport in der Elbestadt gefördert. Seit 1894 gab es eine auf Pontons **schwimmende städtische Flußbadeanstalt.** Sie wurde 1913 zu einem städtischen **Strandbad** am Hammelwerder modernisiert. 1927 richtete der Schwimmclub „Delphin" am **Boltenbrack** eine vereinseigene Badeanstalt ein und 1928 erfolgte der Bau der **Städtischen Badeanstalt** an der Elbe.[262] Nach dem Zweiten Weltkrieg wurde das Städtische Volksbad am 20.05.1948 zunächst wiedereröffnet, später aber abgerissen.

7. Wie Wittenberge einst die "Stadt der Nähmaschinen" wurde

Nach seinem Amtsantritt als Erster Bürgermeister der Stadt Wittenberge im Mai 1897 widmete **Paul Nedwig** neben der Verbesserung der Infrastruktur der Stadt auch besonders der Modernisierung der „Städtischen Hafenanlagen und Ausladeplätze, des Umschlagverkehrs und der Industrievermehrung" große Aufmerksamkeit und viele Aktivitäten. Nedwig erkannte „die außergewöhnlich günstige Lage Wittenberges an einer bedeutenden Wasserstraße mit vorzüglichen Bahnverbindungen, in der Mitte zwischen Berlin und Hamburg, in der Nähe der Handelsmetropole der Provinz Sachsen, Magdeburg, und der landwirtschaftlich kerngesunden Lande Mecklenburg und Altmark."[263] Die Stadtverwaltung bemühte sich intensiv darum, neben der Ölmühle, der Shoddyfabrik[264] und den Königlichen Eisenbahnwerkstätten weitere Industriebetriebe anzusiedeln. Dazu bot sie öffentlich Gelände im Osten der Stadtlage, also im Mündungsgebiet der Stepenitz an. Diese Lage der Ländereien war wegen der Möglichkeiten von Anschlüssen an den Elbhafen und an die Eisenbahn besonders günstig.

Als Nedwig durch ein Magistratsmitglied darauf hingewiesen wurde, dass das „**Weltfabrik-Unternehmen der Singer-Gesellschaft**"[265] ein Terrain für den Aufbau einer Nähmaschinenfabrik suchte, von der Stadt Winsen an der Luhe das erforderliche Areal nicht bekommen hatte, trat er mit dem Bevollmächtigten des Singer-Unternehmens, Herrn **Georg Neidlinger** in Hamburg[266], sofort in Verbindung.[267] Mit einem Schreiben vom 03. Mai 1901 zeigte „**The Singer Manufacturing Co.**" Interesse für den Ankauf des angebotenen Areals. Geschäftliche Informationsreisen führten Neidlinger 1902 auch nach Wittenberge, um hier vor Ort in Verhandlungen mit der Stadtverwaltung zu treten und die notwendigen Voraussetzungen für eine neuaufzubauende Nähmaschinenfabrik in Wittenberge zu schaffen.

Abb. 70	Abb. 71
Isaac Merrit Singer	Georg Neidlinger

Am 04. Oktober 1902 beschloss der Wittenberger Magistrat, der Firma Singer & Co., Nähmaschinen Aktiengesellschaft, Hamburg,[268] 4, 67 ha Gelände zwischen Eisenbahn und Stepenitz für 32 000 Mark zu verkaufen. Der Käuferin wurde das Recht eingeräumt, das von ihr erworbene Terrain an **„The Singer Manufacturing Company, Elizabeth/N.Y. (USA)"**, dem Singer-Stammunternehmen also, weiterzuverkaufen. Der Kaufvertrag kam am 14.10.1902 zustande. Am 22. Oktober stimmte ihm die Stadtverordnetenversammlung zu. Mit dem Bau sollte nun vertragsgemäß innerhalb von drei Jahren begonnen werden. Weitere Geländekäufe zur Vergrößerung und Abrundung des Fabrikgeländes wurden von der Firma Singer bereits im darauffolgenden und noch mehrmals in späteren Jahren durchgeführt

Abb. 72
„Singer Co."
im Bau
(1904)

Schon im Juni 1903 lag die Genehmigung zum Bau einer 360 Meter[269] langen Kaimauer an der Stepenitzmündung vor. Ihr Bau erfolgte schon 1904, denn sie war Voraussetzung für die hier vorgesehenen Verladeeinrichtungen für den Umschlag von Bau- und Betriebsmaterialien für das neu zu schaffende Werk. Im August desselben Jahres war dem Bau des späteren Versandgebäudes am Singerhafen, verbunden mit einer Holzbearbeitungsabteilung, zugestimmt worden. 180 Werktätige sollten hier einmal Beschäftigung finden.

Am 25. September 1903 fand die Grundsteinlegung der Gießhalle für die projektierte Metallgießerei statt. Sie war für ca. 90 bis 100 Arbeitskräfte ausgelegt. Anfangs waren 50 Arbeiter hier tätig. Im Sommer 1904 erfolgte unter Leitung des Gießmeisters Henschel der erste Abstich. Ende Oktober begann der Aufbau eines Krafthauses, einschließlich eines 41 Meter hohen Schornsteines[270]. Durch fünf Arbeitskräfte sollte damit die Energiezentrale für das Gesamtwerk betrieben werden. Ein zweistöckiges Maschinenfabrikgebäude[271] wurde errichtet.

Im Jahre 1904 wurden die umfangreichen Bauaktivitäten gezielt und zügig fortgesetzt. Im Januar erfolgte der Bau eines Verwaltungsgebäudes. Im Februar wurde die Genehmigung zur Aufstellung des ersten Kupolofens in der Gießerei erteilt. Am 02.03.1904 begann der Kläranlagenbau im Anschluss an die schon vorhandenen Gebäude. Schon zum 01. Mai konnte man die teilweise Fertigstellung feststellen.

Die deutsche Generaldirektion[272] der Singer A.G. hatte ihren Sitz in Berlin, Kronenstraße 22 genommen. Der Fabrik Wittenberge stand der „works manager"[273] **P. Simon** vor. Für die Wittenberger Nähmaschinenfabrik wurde nun auch ein Anschlussgleis vom Bahnhof Wittenberge bis zum Singerhafen hergestellt. Das alles brachte Beschäftigung für viele Arbeitskräfte nach Wittenberge.

Abb. 73 Der „Singer-Hafen"

Inzwischen waren - besonders seit dem Jahre 1907 - weitere Produktionsgebäude des Singerwerkes entstanden: das Schmiedegebäude[274], das Öllager und auch das größte und längste Produktionsgebäude.[275] Im Juni 1907 hatte die Singer Nähmaschinenfabrik ca. 400 Beschäftigte. In der Stadt gab es bereits 1909 eine Singer Geschäftsstelle[276], deren Leiter Karl Schuster war.

Die Nähmaschinenfabrik der amerikanischen Firma Singer stieß natürlich auf große Proteste seitens der zahlreichen deutschen Nähmaschinenhersteller, deren Produktionsmöglichkeiten damals viel geringer waren, was Stückzahl und Wert anbetraf. Singer war ein bedeutender Konkurrent auf dem Markt geworden. 1911 wurde der Widerstand des "Verbandes Deutscher Nähmaschinen-Händler" beispielsweise so massiv gegen eine Beteiligung der Firma Singer an der Posener Messe, daß Singer unter diesem Druck auf seine Teilnahme an der Posener Messe verzichtete. Aber letztendlich war der Siegeszug der Singer Nähmaschinen in Deutschland nicht aufzuhalten. Übrigens ist der Firma Singer auch die damals noch ungebräuchliche Einführung von Ratenzahlungsgeschäften[277] beim Kauf von Nähmaschinen zuzuschreiben. Das konnte sich nur ein so großes Unternehmen leisten.

Im Frühjahr 1912, der Engländer Simon war nun in seine Heimat zurückgekehrt, übernahm **Nydegger** als neuer Betriebsleiter die Singerfabrik in Wittenberge. Auf seine Anregung wurde in Wittenberge jetzt zum Beispiel eine Werkmeisterschule eingerichtet, welche aus tüchtigen Arbeitern Werkmeister

85

und Vorarbeiter heranbilden sollte. Bis 1913 wuchs die Beschäftigtenzahl bei Singer auf ca. 2 000 an. Wöchentlich wurden bei Singer ca. 50 000 Mark an Löhnen und Gehältern gezahlt.[278]

Für 1913 war zu erfahren, daß wöchentlich 350 000 kg Roheisen geschmolzen wurden und daß der jährliche Kohleverbrauch etwa 16 000 t [279] betrug, daß täglich 1 Waggon Verpackungsholz verarbeitet wurde und die Ölschmiede[280] 30 t Öl benötigte.

Im Herbst 1917 wechselte der Betriebsleiter erneut[281], bis am 24. Mai 1919 **W. Starcke** als Leiter der Nähmaschinenfabrik Wittenberge eingesetzt wurde.

Abb. 74
Fabrikdirektor Wilhelm Starcke

Die durch den Versailler Vertrag auferlegten Pflichten zu Reparationszahlungen, die Ruhrbesetzung und erhebliche innenpolitische Auseinandersetzungen lasteten schwer auf Deutschland und seiner Wirtschaft, also letztlich auf den deutschen Bürgern. Zunächst wirkten sich Lizenzverträge der Firma Singer in Deutschland mit dem weltweiten Unternehmen für die hiesige Nähmaschinenproduktion noch günstig aus, weil sie die Mitnutzung der amerikanischen Patente gestatteten.

Als Singer Filialfabriken gehörten seit 1922 die Nadelfabrik in Würselen und die Garnfabrik in Dülken[282] zur Nähmaschinenfabrik in Wittenberge.

Im Jahre 1922 wurde sogar ein weiteres großes Fabrikationsgebäude[283], besonders für die Holzbearbeitung, auf dem Fabrikgelände fertiggestellt.[284] Die auf diesem später 30 Meter hohen Gebäude montierten Leuchtbuchstaben[285] hatten eine Höhe von 4 Metern. Sie waren des Abends weithin sichtbar.

Die Betriebsleitung verfolgte von Anfang an mit ihrer wöchentlichen Lohn- und Gehaltszahlung an alle Arbeiter und Angestellten das Ziel, das den Familien der Werksangehörigen zur Verfügung stehende Wirtschaftsgeld aus dem Arbeitsverdienst in wöchentlichen Raten bereitzustellen, um damit die Ausgaben über den ganzen Monat verteilt, gut einteilen zu können. Ab 1920 wurden

Kartoffeln für die Beschäftigten vom Werk eingekauft, später auch Butter und Margarine. Damit wurden Beschaffungserleichterungen sowie günstige Großeinkaufspreise erzielt. Für die wichtigsten, an die Jahreszeit gebundenen Wirtschaftsausgaben in den Familien wurden Kartoffel- bzw. Kohlevorschüsse von der Firma gezahlt, die in Raten zu tilgen waren.

Aber Arbeitskämpfe und Streiks gab es trotzdem ständig. Sie führten zu Produktions- und damit Verdiensteinbußen. Im Dezember 1921 kam z.B. die Produktion im Singerwerk zum vollständigen Erliegen.

Die Inflation wuchs, uferte aus und erklomm 1923 ihren Höhepunkt.[286] In den Inflationsmonaten 1922 erhielt jeder Arbeiter morgens nach der Arbeitsaufnahme einen Lohnabschlag für den Tag. In der Frühstückspause holten die Angehörigen schon das Geld ab und versuchten, es in Ware umzusetzen. Am Mittag wiederholte sich dieser Vorgang, um bei Öffnung der Läden sofort einkaufen zu können. Kurz vor Feierabend gab es dann die Schlusszahlung. Diese täglich dreimaligen Lohnzahlungen blieben natürlich nicht ohne störende Auswirkungen auf den Betriebsablauf. Um diesen im Singerwerk jedoch möglichst störungsfrei zu sichern (und damit eine Basis für eine kontinuierliche Produktion und den daraus resultierenden Lohnzahlungen zu haben), führte Singer schon 1922 ein wertbeständiges Notgeld auf Dollarbasis ein, im Volksmund „Singerdollar" genannt.

Abb. 75   So sahen die „Singer-Dollars" aus.

Die Singer AG verpflichtete sich, die zurückfließenden Scheine nach dem Tageskurs des amerikanischen Dollars am Einlösungstag einzulösen. Manche

Wittenberger Familie, deren Arbeitseinkommen aus anderen Beschäftigungsbereichen floss, beneidete die Singerwerker darum. Deren Wettlauf mit dem Werteverfall des Geldes sah sie immer nur als Verlierer.[287] Im November 1923 wurde dann im Deutschen Reich endlich die „Rentenmark" eingeführt, um die Kurse zu beruhigen.

Unter solch harten Lebensbedingungen entstanden natürlich auch hartgeführte Arbeitskämpfe und Arbeiterdemonstrationen in der Industriestadt Wittenberge. Als am 12. August 1923 in unserer Stadt cirka 6 000 Wittenberger gegen die Cuno-Regierung streikten und demonstrativ durch die Stadt zogen, gerieten diese Aktionen außer Kontrolle der Gewerkschafts- und Streikleitungen. Es kam zu „stürmischen Auseinandersetzungen", zu „Handgreiflichkeiten" auf der Straße, schließlich sogar zu Plünderungen in Geschäften am Stern und in der Bahnstraße sowie der Molkerei, die sich damals an der Ecke Bürgerstraße/Schützenstraße befand. Das wirkte auf den größten Teil der Einwohner der Stadt außerordentlich abstoßend und führte ebenfalls zu Resignationen unter den Streikenden, wie mehrere Augenzeugenberichte bestätigen.

Die Rentenmark wirkte sich schließlich positiv aus und schon 1924 setzte erneut die Bautätigkeit in der Wittenberger Singerfabrik ein: ein großer Furnierschuppen wurde an der Bad Wilsnacker Straße errichtet, ein unterirdischer Tunnel[288] zwischen dem 07-Gebäude und der Putzerei wurde angelegt, um den Teiletransport witterungsun-abhängig zwischen den Fabrikationsabteilungen zu ermöglichen. Doch der Arbeitskampf im Werk ging weiter. Eine Mitteilung der Singer-Direktion vom 18. Februar 1924 unterstreicht das. Die Situation der Beziehungen zwischen Firmenleitung und den Arbeitnehmern waren angespannt.

Die alte Kraftzentrale des Singerwerkes genügte schon bald den wachsenden Anforderungen nicht mehr. Umfangreiche Erneuerungs- und Erweiterungsarbeiten wurden eingeleitet. Im Mai 1922 war ein neuer, 62 Meter hoher Fabrikschornstein fertig, dessen oberer äußerer Durchmesser 2,7 m und der obere innere Durchmesser 2,30 m betrug.[289] Bis zum 07. Juni waren an ihn bereits vier der sechs Kessel angeschlossen. Am 05. Dezember desselben Jahres ergänzte eine neue 1 875-kW-Dampfturbine die bisherigen kleineren Dampfmaschinen und bis Ende 1926 waren zwei weitere Turbinen (500 bzw. 2 000 kW) sowie ein neuer Dampfkessel im Krafthaus installiert worden. Seit 1921 bis 1926 wurden 1 ¾ Millionen Mark für den Zugang an Gebäuden und Maschinen allein für die Modernisierung der Singer-Kraftzentrale aufgewendet.[290] 1925 wurden zwei große Speisesäle und eine Werkküche gebaut.

Abb. 76
Singer Wasserturm,
von Süden, im Bau 1928

Am 29. Oktober 1928 wurde das Richtfest für den neu entstehenden Singer-Wasserturm gefeiert.[291] Wegen strengen Frostes mußte die Baustelle im Dezember 1928 stillgelegt werden. Schließlich wurde der Wasserturm zu einem neuen Wahrzeichen der Stadt.[292]

Für das Jahr 1928 werden folgende aufschlussreiche statistische Angaben bekannt: Im Wittenberger Nähmaschinenwerk wurden u.a. folgende Materialien verarbeiten:

8 800 t	Roheisen
1 900 t	Stahl
16 000 m³	Holz
2 000 000 m²	Furniere
15 000 t	Kohlen
1 600 t	Koks
3 600 t	Formsand
300 t	Kalksteine

Der größte Teil der benötigten Werkzeuge wird in der betriebseigenen Werkzeugabteilung hergestellt, nur die handelsüblichen Werkzeuge werden gekauft. Auf den etwa 3 500 im Betrieb vorhandenen Werkzeugmaschinen wurden 1928 verarbeitet:

20 000 Stück	Fräser und Stähle
30 000 Stück	Spiralbohrer
23 000 Stück	Gewindebohrer
13 000 Stück	Gewindebacken
9 000 Stück	Reibahlen
13 000 Stück	Sägen
5 000 Stück	Schleifscheiben

Das Aktienkapital der Singer AG war von 1924 bis 1929 von 26 auf 94 Millionen Reichsmark erhöht worden. Der Akkordlohn für Produktionsarbeiter war auf 1,29 RM je Std. gestiegen. Doch mit dem Jahre 1929 begann die Weltwirtschaftskrise (1929-1931) zu wirken. Davon wurde Deutschland wegen seiner vielen und starken Bindungen an amerikanisches Finanzkapital stark betroffen. Die industrielle Produktion ging außerordentlich zurück und damit sanken auch Löhne und Gehälter spürbar. In Deutschland waren nur noch 33 % der Arbeiter vollbeschäftigt und 22 % leisteten Kurzarbeit. Viele Industriekonzerne brachen weltweit zusammen. Auch in Wittenberge wirkten sich drastische Rückgänge in Beschäftigung und Produktion empfindlich aus.

Am 01.06.1931 wurde bei Singer die Wochenstundenzahl von bisher 48 auf 40 reduziert. Nur noch zu 35 % wurde die Produktionskapazität ausgelastet. In der Schrauben-Abteilung z.b. waren von ursprünglich 200 Beschäftigten nur noch 16 verblieben![293]

1931 gingen noch 43 351 Singer Nähmaschinen in den Export. Die Exportländer waren : Belgien, Bulgarien, Dänemark, Frankreich, Griechenland, Holland, Iran, Japan, Jugoslawien, Korea, Norwegen, Österreich, Polen, Rumänien, Schweden, Schweiz, Tschechoslowakei, Türkei und Ungarn. Aber 138 000 Nähmaschinen waren in der Wittenberger Fabrik Lagerbestand!

In der **Werbung der Singer AG** wurde jetzt großer Wert darauf gelegt, die „deutsche Qualitätsarbeit" besonders zu betonen und den Verkauf von Haushaltnähmaschinen auf Ratenzahlung anzupreisen. Ab Anfang der dreißiger Jahre wurde auch die Post für die Werbung für Singer-Nähmaschinen einbezogen.

Abb. 77 Werbungsanzeige **Abb. 78 Werbe-Poststempel**

Bis 1932 waren bei Singer die Akkordlöhne um 24 %, die Gehälter um 25 % gesunken. Der Akkordlohn für Männer betrug nun noch 0, 98 RM je Stunde, der für Frauen 0, 53 RM je Stunde. In Deutschland war der Höhepunkt der Arbeitslosigkeit am 15. März 1932 mit 6,129 Millionen Arbeitslosen erreicht. In Wittenberge war zum Jahresschluss jeder vierte Einwohner von einer Unterstützungszahlung abhängig.

Die katastrophale Lage der Wittenberger Arbeitnehmer führte in diesen Jahren zu zahlreichen Protesten, Demonstrationen und Streiks:[294] Das alles bereitete den Boden für die „Machtübernahme" durch die Nationalsozialisten vor!

Die Betriebsleitung stellte sich im „Dritten Reich" von Anfang an auf die neue politische Situation ein, passte sich an, unterstützte die NS-Herrschaft mit allen ihr gebotenen Kräften - wie wohl alle Industriebetriebe damals. Die vordergründig sichtbare Wiederbelebung des Wirtschaftslebens lag auch in ihrem ureigenen Interesse, ließ jedoch den verhängnisvollen „Pferdefuß" des Nationalsozialismus, den in die Katastrophe der menschenverachtenden Rassenpolitik und des Zweiten Weltkrieges führenden Weg, zunächst unterschätzen, zum Teil ignorieren. So erlagen Wirtschaftsführer und weite Teile der Bevölkerung der nationalsozialistischen Demagogie.

Im Singerwerk wurde die erste „Luftschutzübung" bereits am 19. November 1933 (!) durchgeführt. An dieser Großübung nahmen die Sanitätskolonnen vom Roten Kreuz aus Wittenberge, Perleberg, Havelberg und Lenzen und ferner auch die Freiwillige Feuerwehr aus Wittenberge, die Feuerwehr des Reichsbahnausbesserungswerkes Wittenberge und der Hilfszug des Maschinenamtes Wittenberge teil. Viele Ehrengäste aus der Stadt und weiteren Ortschaften waren ebenfalls anwesend.[295] 1934 verband das Nähmaschinenwerk eine öffentliche Werbung des damaligen Luftschutzbundes mit der betrieblichen Reklame für ihre produzierten Nähmaschinen.

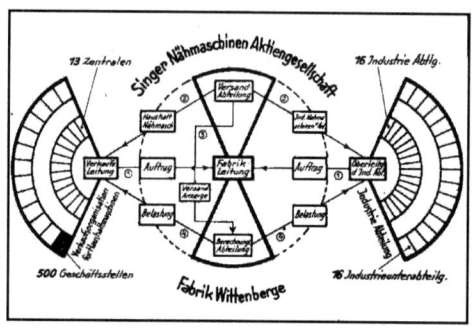

Abb. 79 Organisationsplan der Singer Nähmaschinenfabrik (1937)

Ein Werbeprospekt der Stadt Wittenberge von 1934 „Wittenberge Bez. Potsdam - Die Stadt der Nähmaschinen" enthält einige interessante Fakten, die Rückschlüsse auf die wirtschaftliche Bedeutung der Singer Nähmaschinenfabrik für unsere Heimatstadt zulassen. Hier ein Auszug daraus:

Erzeugung und Verbrauch von el. Energie	jährlich	5 Mio	kWh
Anzahl der im Betrieb befindlichen Elektromotoren		483	Stück
Dampferzeugung	jährlich	120 000	m³
Zahl der vorhandenen Arbeits- u. Werkzeugmaschinen		4 500	Stück
Fabrikationsleistung bei normaler Beschäftigung	wöchentl,	ca. 6 000	Nähm.
Zahl der gegossenen Nähmaschinenteile	jährlich	rd. 10 Mio	Stück
Zahl der hergestellten Holzteile	jährlich	rd. 22 Mio	Stück
Zahl der beschäftigten Arbeiter und Angestellten		3 200	Pers.
--davon ständig i.d. Ausbildung stehende Lehrlinge		100	Lehrlinge
Auf dem Bahnwege eingehende Waren	jährlich	20-22 000	t
Auf dem Bahnwege ausgehende Waren	jährlich	13-14 000	t
Auf dem Wasserwege eingehende Waren	jährlich	26-28 000	t
Auf dem Wasserwege ausgehende Waren	jährlich	2 500	t
Verbrauch an Kohlen	jährlich	15 000	t
Verbrauch an Wasser	jährlich	750 000	m³
Verbrauch an Gas	jährlich	360 000	m³
Verbrauch an Roheisen	jährlich	8-10 000	t
Verbrauch an Stahl	jährlich	1200 bis 1400	t
Verbrauch an Koks	jährlich	1 250	t
Verbrauch an Holz	jährlich	9-11000	m³
Verbrauch von Holz für Verpackung	jährlich	8-10000	m³
Verbrauch von Furnier	jährlich	1,6-1,8 Mio	m²
Verbrauch von Leim	jährlich	210	t
Verbrauch von Lederrundschnur f. Riemen	jährlich	715 00	lfd. m

Von 1934 bis 1935 hat sich die von der Singerfabrik produzierten Nähmaschinentypen von 55 auf nun 70 erhöht.

Ab Juni 1936 erfolgte die Errichtung eines Verbindungsbaues[296] zwischen dem Hauptbüro und der Gießerei bei gleichzeitiger Aufstockung des Putzerei-gebäudes und der Umgestaltung des bisherigen Hauptbüros. Das neue Fabriktor erhielt drei Durchgänge[297], die mit schmiedeeisernen Toren verschlossen wurden. Darin sind 18 figürliche Darstellungen von Werktätigen verschiedener Berufs-gruppen als Flachreliefs enthalten.

Abb. 80 Fabrikeingang 1938

Obwohl die Firma Singer sich in diesen Jahren besonders eindringlich als „deut-scher Betrieb mit deutschen Arbeitern und deutschen Nähmaschinenentwicklun-gen" herausstellte, blieben die engen Beziehungen der Wittenberger Fabrik zu dem amerikanischen Singer-Stammunternehmen und den Filialfabriken in Groß-britannien, Frankreich und anderswo sehr eng erhalten.

Im März 1937 wurde auf Grund neuer gesetzlicher Grundlagen auch im Singerwerk eine militärisch organisierte und uniformierte „Singer Werkschar" (Nr. 76) gegründet. Sie bestand aus 28 Männern.

Abb. 81 Werbeansichtskarte (um 1938)

Die Wittenberger Singerfabrik begann „ihre" unmittelbaren Vorbereitungen auf einen Krieg bereits 1937. 1938 konnte ein Rückgang in der Herstellung von Haushaltnähmaschinen um 21% registriert werden. Dagegen nahm die Produktion von Industrienähmaschinen um 32% zu. Die Uniformschneidereien für die wiedererstehende deutsche Wehrmacht, die Fallschirmproduktion (um hier nur einige Schwerpunkte anzuführen) verlangten große Stückzahlen von Spezial-Nähmaschinen. Singer trug dem Rechnung.

Mit dem Ausbruch des Zweiten Weltkrieges wurde dann eine teilweise Umstellung der Produktion auf diverse Rüstungsgüter eingeleitet. Die damals damit befassten Werksabteilungen[298] durften wegen der angeordneten Geheimhaltung nur von besonders Befugten mit Sonderausweisen betreten werden.

Am 01. April 1940 war die sogenannte "Werkrettungsstelle"[299] zur Abnahme bereit. Insgesamt war diese Anlage 46 m lang, 21 m breit, drei Meter tief in der Erde und mit einer Erdaufschüttung abgedeckt, auf dem Fabrikhof angelegt worden. Hier auch einige Beispiele für die Rüstungsproduktion im Singerwerk: Im III. Quartal 1941 wurden z.B. 700 000 Stück 15 mm-Hülsen für Sprenggranaten (Luft) hergestellt. Im IV. Quartal 1944 produzierte man in der Nähmaschinenfabrik 1,5 Millionen Stück 20 mm-Hülsen für Panzergranaten.[300]

Am 18. April 1944 brannte nach einem Luftangriff auf Wittenberge u.a. der Furnierschuppen des Singerwerkes ab.

Anfang 1945 war der geräumige Werk-Luftschutz-Bunker die Kommando- und Befehlszentrale des Wittenberger „Festungs-Kommandanten", nachdem im April desselben Jahres angesichts der Bombenangriffe auf unsere Stadt und der herannahenden Frontlinie noch einige Bürger aus ihren nahegelegenen Wohnungen hierin mit einigen Kleinstkindern eine vermeintlich sichere Unterkunft gefunden hatten; aber am 17. April 1945 mussten Zivilisten den Bunker wieder verlassen.

Mit dem Ende des Zweiten Weltkrieges und dem Einzug der sowjetischen Truppen in Wittenberge am frühen Morgen des 03. Mai 1945 ging auch die „Singer-Ära" hier in Wittenberge zu Ende.[301]

Die Herstellung von Nähmaschinen der verschiedensten Typen in der Wittenberger Fabrik setzte das Vorhandensein dafür qualifizierter Facharbeiter voraus. In den Anfangsjahren kamen daher aus der Hamburger Singer-Niederlassung zahlreiche Fachleute aus den verschiedensten Ausbildungsrichtungen nach Wittenberge, um hier die Fabrikation vorzubereiten und sicherzustellen. Dazu gehörte auch kaufmännisches Personal mit "Singer-Erfahrung".

Ab 01. November 1922 wurde Herr Max Broghammer in der Nähmaschinenfabrik als Lehrlingsmeister eingestellt.

Abb. 82 Lehrlingswerkstatt in den 30er Jahren

Der Wittenberger Nähmaschinenfabrik ist sowohl für die Zeit vor 1945, also als Firma Singer, als auch als volkseigenes Nähmaschinenwerk nach 1946 zu bescheinigen, daß sie einen hochqualifizierten Facharbeiternachwuchs heranbildete, anfangs jährlich um etwa 100 Lehrlinge, später wesentlich mehr. Einige Beispiele hierfür:1947 wurden 20 Lehrlinge in vier Berufen ausgebildet. 1949 erhielten erstmals auch 19 Mädchen eine Facharbeiterausbildung als Nähmaschinenmechaniker.

Die Firma Singer war auch bemüht, betriebswirtschaftliche Neuerungen in ihrer Wittenberger Fabrik einzuführen. So ergaben sich durch die Einrichtung einer HOLLERITH-Abteilung[302] am Ende der dreißiger Jahre wesentlich rationellere Arbeitsabläufe in der Lohn- und betrieblichen Kostenrechnung sowie bei Inventuren. Die für die Bedienung des neuen Systems notwendigen Locherinnen und

Prüferinnen wurden im Betrieb selbst aus den weiblichen Kräften der Belegschaft herangebildet.

Die Absicht, fachlich gut ausgebildete Arbeiter und Angestellte für den Verbleib
in der eigenen Firma zu motivieren und deshalb möglichst eng an sie zu binden,
sie hier sesshaft zu machen, ließ die Singer AG schon sehr bald, nachdem sie in
Wittenberge Fuß gefasst hatte, sich um die Schaffung werkseigenen Wohnraums
kümmern.

Das „**Singerheim I**" in der Bahnstraße entstand. Auf der angrenzenden Hoffflä-
che zur Schiller- bzw. Bürgermeister-Jahn-Straße wurde unter schwierigen äußeren Bedingungen während der Anfangsjahre nach dem Ersten Weltkrieg errichtet. 22 Wohnungen mit 74 Wohnräumen (einschl. Küchen) wurden dort geschaffen. Die Firmenleitung schätzte selbst ein: *„Es sind keine Paläste. Der Bau ist
ein Kind seiner Zeit, aber Platz, Licht, Luft und Sonne sind im 'Singerheim I' für
jeden seiner Bewohner vorhanden".*

1920 kaufte die Firma die Grundstücke Zimmerstraße 6 und 7.[303] Während das
Wohngrundstück Nr. 6 schon bald nach seinem Umbau fünf Familien eine Wohnung bot, brauchten die Baumaßnahmen, um die ehemalige Malzfabrik der Firma von August F. W. Krause, Zimmerstraße 7, zu einem Wohnhaus herzurich-
ten, wesentlich mehr Zeit. Erst von August bis Dezember 1922 konnten die neu-
gewonnenen 24 Wohnungen von den Mietern bezogen werden.[304]

Im Jahre 1922 kaufte Singer auch das Eckgrundstück Bahnstraße 84/Mohren-
straße, in dem bis dahin die Firma Th. Henning ihr Geschäft hatte. Nun wurde
dem Gebäude ein Stockwerk aufgesetzt, es wurde nach Entwürfen des Hamburger Architekten Felix Ascher völlig umgebaut und es wurden zunächst fünf
Wohnungen und ein Singer-Ladengeschäft eingerichtet. Später ist eine Wohnung
zu einer Nähstube umfunktioniert worden.

Schon 1925 wurden in Breese[305] die ersten 14 Singer-Wohnungen errichtet und
1937 durch weitere an der Dorfstraße ergänzt. Eine „**Singer-Heimstätten-
Siedlung**" entstand in Breese mit 56 Wohnungen dann von 1936 bis 1940. Die
ersten 24 Häuser waren zum Jahresende 1936 fertig.[306]

Nach Fertigstellung dieser Siedlung standen insgesamt 143 werkseigene Wohnungen für Arbeiter und Angestellte zur Verfügung und die so geschaffenen
engeren Beziehungen der Familien der Werksangehörigen zu „ihrer" Firma
schienen gesichert. Mit dem nachstehend abgebildeten Modell für die Singer-
Heimstättensiedlung in Breese wurden unter den Werksangehörigen erste Interessenten als künftige Siedler geworben.

Abb. 83   Modell der Singer Heimstätten-Siedlung in Breese

Auch die wachsenden kulturellen und Freizeitbedürfnisse der Werktätigen wurden seitens der Betriebsleitung des Singerwerkes ab den zwanziger Jahren erkannt und zum Nutzen des Betriebes und seiner Beschäftigten gefördert. Ein „Singer Werkverein"[307] wurde gegründet.

Seit Januar 1929 erschien dann der "Singer Werkfreund", eine monatlich herausgegebene Betriebszeitung[308], die sich zum Ziel setzte, „als Bildungs- und Bindeglied zwischen Werkleitung und Werksangehörigen" zu wirken.

Abb. 84 „Singer Werkfreund",
Erstausgabe, 1929

1936 wurde ein „Kameradschaftsheim" mit ca. 350 Saalplätzen Januar 1929 im Singer-Sportpark geschaffen. Der erste Spatenstich dazu war am 01.09.1935. Die Einweihung fand am 04.04.1936 statt. Es wurde dann in Eigenbewirtschaftung übernommen wurde.

Abb. 85

Singer

Kameradschaftsheim

1936

Am 05. April 1938 wurden alle sportlichen Vereinigungen des Betriebes in einer „Betriebssportgemeinschaft Singer" zusammengefasst.

Solche und ähnliche Einrichtungen konnten sich natürlich nur größere, finanzkräftige Betriebe leisten. Sie übten ganz natürlich und beabsichtigt auch Einflüsse auf die Betriebsangehörigen aus, verbanden diese mit „ihrem" Werk und wirkten so einer Fluktuation von Beschäftigten entgegen. Ähnliche Einrichtungen gab und gibt es heute in den meisten größeren und in vielen Mittelbetrieben, und zwar nicht nur in Deutschland. Wie unsere Erfahrung lehrt, sind solche Einrichtungen nicht allein an kapitalistische Betriebe gebunden. Deshalb waren die zahlreichen verbalen Kämpfe und Verunglimpfungen durch einige ihrer damaligen Verfechter mindestens sehr kurzsichtig und ungeschickt.

Der Wittenberger Singerbetrieb hatte bereits am 04. September 1939 seine ersten beiden Gefallenen des Krieges zu beklagen.

Endlich war Anfang 1945 der Zweite Weltkrieg beendet. Auch die Wittenberger Bevölkerung war froh darüber, doch nicht froh! Wie sollte es nun weitergehen? Die Ratlosigkeit war groß angesichts der vielen Zerstörungen in unserer Stadt und der Ungewissheiten seit der Besetzung durch die sowjetischen Truppen. Wie schon gesagt: Die „Singer-Ära" war beendet.

Am 17.05.1945 wird **Stadtrat Ernst Kalwa** auf Beschluss des Magistrats als kommissarischer Treuhänder für das „Auslandsvermögen Singer" eingesetzt[309]. Die Singer Geschäftsleitung bestand zunächst aus Direktor August Menzel und Direktor August Thiemer[310] sowie dem Treuhänder Kalwa. Das unbewegliche Singer Eigentum wurde auf 11 360 000 RM geschätzt. Am 15. Juni 1945 begann die völlige Demontage der Nähmaschinenfabrik[311]. Andere Betriebe hier erlitten das gleiche Schicksal.

Am 9. November 1945 wandte sich Karl Rußbüldt, ehemals Oberingenieur im Singerwerk und Leiter dessen Gießereibetriebes, an den Wittenberger Oberbürgermeister. Im Zusammenhang mit der in Aussicht genommenen Wiederinbetriebsetzung der Gießerei äußerte er dabei u.a.: *"Die Weiterführung unseres Firmennamens (Singer) muss daher als zulässig und einwandfrei angesehen werden...."* Das fand selbstverständlich nicht die Billigung der Besatzungsmacht. Unter dem 11. Dezember 1945 richtete die Sowjetische Militär-Administration (SMA) in der Provinz Brandenburg ein Schreiben an den sowjetischen Stadtkommandanten in Wittenberge, in dem befohlen wurde: *„Zur Sicherung der störungsfreien Arbeit des Eisenbahntransportes und der Versorgung der Reparaturwerkstätten mit Ersatzteilen ist es notwendig, daß Sie Vertreter der Firma Singer zur Besichtigung und Ingangsetzung der Eisengießerei in der Singerfabrik zulassen."* Auf diesem Schreiben vermerkte der Wittenberger Stadtkommandant handschriftlich: *„Ich genehmige die Ingangsetzung der Gusserzeugung. 14.12.45 gez. Leniwyi"*

Neben den mühsamen Vorarbeiten dazu ging die Demontage im Werk weiter. Am 18.01.1946 wurde zusätzlich die Demontage sämtlicher Kraft- und Lichtleitungen angeordnet. Der gesamte Demontageprozess wurde erst mit dem 15. März 1946 beendet. Alle dafür bisher eingesetzten Arbeitskräfte mussten nun die Demontage im örtlichen Zellwollewerk durchführen. Für die Aufnahme der Arbeit in der Gießerei trat eine Verzögerung ein. Die ersten zehn Facharbeiter für die Gießerei waren dann am 12.07.46 eingestellt worden[312], um die Voraussetzungen für eine Gießereiproduktion zu schaffen.

Die ehemalige Singer Nähmaschinenfabrik wurde laut Mitteilung der SMA der Provinz Brandenburg vom 03. April 1946 auf Grund des Befehls Nr. 124 der SMAD vom 30.10.1945 beschlagnahmt und im Juli 1946 wurden die verbliebenen Vermögenswerte durch den Stadtkommandanten an die neue Stadtverwaltung übergeben. Leiter des neugeschaffenen Betriebes **„Gießerei und Maschinenfabrik Wittenberge"** wurde **Karl Rußbüldt**. Von der sogenannten „Stadtbank" wurden zweimal Kredite von je 20 000 Mark bereitgestellt. Am Freitag, dem 02. August 1946 wurde die Gießerei in Betrieb genommen, so daß der erste reguläre Abstich am Kupolofen am 18.08.46 stattfinden konnte.

Die Betriebsbelegschaft bestand nun aus 51 Formern, Kernmachern und Gießern. Ihr Produktionsprogramm umfasste zunächst täglich 4,8 t Gussteile für Landmaschinen und die eisernen "Kurmark-Öfen[313]). Dann erfolgte eine Produktionserweiterung um Pumpenteile, Schraubstöcke, Baubeschläge u.a. Ende des Jahres 1946 wurden hiermit 382 Werktätige beschäftigt. Viele der Arbeiter brachten Werkzeuge von zu Hause mit, um überhaupt arbeiten zu können.[314]

Erschwert wurde die Arbeit durch die allgemein schlechte Ernährungslage für die gesamte Stadtbevölkerung. Aber schon 1946 wurde eine Werkküche im Keller des Verwaltungsgebäudes eingerichtet. Die Zahl der Essenteilnehmer betrug zunächst 30.[315]

8. Die Rüstungsindustrie in Wittenberge bereitete den Zweiten Weltkrieg planmäßig vor

Im vierten Jahrzehnt des 20. Jahrhunderts war die Entwicklung der Stadt Wittenberge zu einer Industrie- und Arbeiterstadt weitestgehend vollendet. Die Neuansiedlung der „Norddeutschen Maschinenfabrik G.m.b.H." (1935) und der „Kurmärkischen Zellwolle und Zellulose A.G." (1938) in unserer Stadt haben zusätzlich wesentliche Bedingungen dafür geschaffen.

8.1. Die Norddeutsche Maschinenfabrik G.m.b.H.

Im März 1935 begann die Einrichtung der „Norddeutschen Maschinenfabrik G.m.b.H." (NORDEUMA), ein ausgesprochener Rüstungsbetrieb, auf dem Gelände der früheren Naylorschen Tuchfabrik[316]. Ab 24. April desselben Jahres erfolgte der Abbruch nicht benötigter Gebäude des Vorgängerbetriebes durch die Firma SOLIO Fabrikations- und Vertriebsgesellschaft für technische Erzeugnisse, Berlin W 8. Die ergänzte und nun vollständige Umfassungsmauer des künftigen Rüstungsbetriebes an der heutigen Bad Wilsnacker Straße wurde mit einer Stacheldrahtsicherung versehen.[317]

Die Verwaltung der NORDEUMA befand sich in Berlin NW 7, Dorotheenstraße 36. Der verantwortliche Leiter war dort Dr. Glenck. Ein weiteres Werk dieser Firma war in Luckenwalde.

Aus der Betriebsordnung vom 25. September 1935[318], die für alle drei Firmenstandorte galt und „auf Grund des Gesetzes zur Ordnung der Nationalen Arbeit vom 20. Januar 1934" erlassen worden war, geht hervor:

„Vorwort
.....Aufgabe des Führers, des Vertrauensrates und jedes Mitgliedes der Gefolgschaft muss es sein, dahin zu streben und zu wirken, dass unser Werk mit dem Gemeinschaftsgeist des Nationalsozialismus durchdrungen ist und das Schaffen und Leben aller Werksangehörigen ein Tatbekenntnis zu der Forderung unseres Führers Adolf Hitler wird: Gemeinnutz geht vor Eigennutz.

I. Die Betriebsgemeinschaft In unseren Betrieben arbeiten der Unternehmer als Führer des Betriebes, die Angestellten und Arbeiter als Gefolgschaft gemeinsam zur Förderung der Betriebszwecke und zum gemeinsamen Nutzen von Volk und Staat. In diesem Sinne verbinden sich Führer und Gefolgschaft im Betriebe zu einer Betriebsgemeinschaft, deren Bestehen nur auf der Grundlage uneingeschränkten, gegenseitigen Vertrauens gewährleistet ist.

Während der Führer als Leiter für das Wohl der Gefolgschaft sorgt, hält sie ihm die in der Betriebsgemeinschaft und der sozialen Ehre begründete Treue.

*II. Beginn des Arbeitsverhältnisses Jeder Volksgenosse, der unserem Werk ange-
hören will, muss sich innerhalb und außerhalb des Betriebes im Sinne der nationalsozialistischen Weltanschauung und Wirtschaftsauffassung führen. Nur in
Gesinnung und Verhalten anständige Menschen können Mitglied unserer Werks-
gemeinschaft sein. ..... "*

Schon im Jahre 1935 wurde mit der Errichtung von Neu- und Ergänzungsbauten
auf dem Betriebsgelände begonnen.[319] Im November 1938 wurde von der Berliner Verwaltung der Bauantrag für einen „Bomben- und Gasschutzturm ZL –
Turm mit Wendelfläche Bauweise Zombak" gestellt. Der Bau war am
09.11.1939 ausgeführt. Später wurde ein zweiter Turm dieser Art gebaut.[320] Er
war 1940 fertig. 1940 erfolgte auch im Zuge eine „Werkserweiterung im Auftrage des Generalluftzeugmeisters" der Bau einer Holzbaracke.[321]. Desgleichen
wurde eine eigene Werkskantine durch den Ausbau der Küche eingerichtet. Eine
Lagerbaracke, die mit einem „Tarnanstrich" versehen werden musste, wurde
1943 auf dem Betriebsgelände errichtet.[322]

Zahlreiche Facharbeiter aus dem Raum um Frankfurt am Main und aus weiteren
industriell entwickelten süd- und westdeutschen Regionen übersiedelten nach
Wittenberge und fanden als sog. „Erfahrungsträger" hier in dem neuen Rüstungsbetrieb Arbeit. Mitte 1936 hat die NORDEUMA in Wittenberge ca. 1 000
Beschäftigte; bis 1937 ist diese Zahl auf etwa 1 800 Beschäftigte angestiegen.

In der hiesigen Norddeutschen Maschinenfabrik wurden Maschinengewehre z.
B. für Junkers-Flugzeuge hergestellt. Das Einschießen dieser Waffen in zwei
unterirdischen Windkanälen[323] war nicht nur von der anwohnenden Bevölkerung
laut und deutlich zu hören. Der Wittenberger Betrieb unterhielt nach Aussagen
ehemaliger Beschäftigter enge Kontakte zu den Junkerswerken in Dessau. Laut
einer Verfügung vom 01.11.1937 fiel der Betrieb im Falle einer Mobilmachung
unter die nach besonderen Anweisungen des Oberkommandos der Wehrmacht zu
leitenden sogenannten „Luftwaffen-Betriebe".

Im damaligen Rüstungsbetrieb war regelmäßig eine Zeitschrift „Flug und Werft"
im Umlauf. Dabei handelte es sich um eine betriebseigene Zeitschrift, sondern
um ein Organ, das von der nationalsozialistischen „Deutschen Arbeitsfron" für
einschlägige Betriebe herausgegeben wurde.[324]

Im Mai 1936 waren die in der früheren Herrenwiesenstraße[325] wurden für die
NORDEUMA-Arbeiter gebauten Wohnhäuser errichtet.[326] Ab 01. Oktober 1937
entstanden Siedlungshäuser der Werksangehörigen in der sogenannten „Vogel-
siedlung" an der Lenzener Straße. Auf dem Grundstück Müllerstraße 13a wurde
1941 eine Arbeiter-Wohnbaracke für den Betrieb aufgestellt. 1942 entstand an
der verlängerten Schützenstraße[327] ein Barackenlager, bestehend aus vier Baracken und einer Abortbaracke, für „Fremdarbeiter".[328]

Letzter Betriebsleiter der NORDEUMA war der „deutsch-sprechende Balte" von Vittinghoff.

Nach der Besetzung Wittenberges durch sowjetische Truppen im Mai 1945 wurde das ehemalige Werk der Nordeuma bald von der Besatzungsmacht für die Reparatur ihrer Waffen benutzt. Noch 1945 wurde als Leiter der Übernahmestelle der Norddeutschen Maschinenfabrik G.m.b.H. Emil Walther im Nähmaschinenwerk eingesetzt.

8.2. Die Kurmärkische Zellwolle und Zellstoff A.G.

Zur Verwirklichung der Autarkiebestrebungen der NS-Führung in Deutschland wurde im heutigen Jelena Gora (Polen)[329] 1935 die „Schlesische Spinnfaser AG Hirschberg" gegründet, welche bereits am 22. August desselben Jahres ihren Namen in „Schlesische Zellwolle AG" änderte[330].

Schon 1936 wurde innerhalb dieses Betriebes in Hirschberg/Riesengebirge eine **„Phrix-Arbeitsgemeinschaft für Zelluloseforschung"** gegründet. Diese Arbeitsgemeinschaft hatte sich zum Ziel gesetzt, die aus dem Stroh gewonnene Zellulose für die fabrikmäßige Herstellung von Zellwolle zu nutzen. Als schließlich eine Lösung dieses chemisch-technischen Problems bevorstand, fasste man den Beschluss, in Wittenberge ein modernes erstes Zellstoff-Faser-Werk, das auf der Basis von **Strohzellstoff** arbeiten sollte, zu errichten.

Am 03. März 1937 wurde die **„Kurmärkische Zellwolle und Zellulose AG Wittenberge"** gegründet. Sie war zunächst in Berlin ins Handelsregister eingetragen, die Leitung dieses Betriebes der **„Phrix[331]-Betriebs-Gruppe"** dann nach Wittenberge[332] verlegt worden. **Dipl.Ing. Richard Eugen Dörr**[333] von der „Schlesischen Zellwolle Aktiengesellschaft" in Hirschberg, dem Stammbetrieb der „Phrix-Gruppe", wurde auch der Betriebsleiter des Wittenberger Werkes. Zum Vorstand gehörten weiter der spätere kaufmännische Direktor in Wittenberge, **Gottfried Gruner**[334], und als Technischer Direktor Dipl. Ing. **Hermann Heim**. Das Grundkapital der Firma betrug zunächst 1,8 Millionen RM.

Abb. 86 Emblem der „Phrix-Betriebe"

Der Zweck des Unternehmens war die Herstellung, Verarbeitung und der Vertrieb von Zellulose, Zellwolle und Kunstfasern sowie ferner die Arbeit an und mit benötigten Roh- und Hilfsstoffen und die Vornahme aller damit zusammenhängenden Geschäfte.[335] Geplant war, im Endergebnis 30 000 t Zellwolle[336] und 36 000 t Strohzellstoff im Jahr zu produzieren.[337]

Die Behörden der Stadt Wittenberge zeigten großes Interesse an der Errichtung des neuen Werkes. Die Stadt stellte erhebliche Mittel für die Erweiterung des städtischen Hafens und für Geländeerschließungen bereit.[338] Am 01. März 1938 genehmigte der Wittenberger Gemeinderat die Aufschließung des Geländes zwischen Elbe und der Singer Nähmaschinenfabrik als Industriegebiet. Für die Erschließung waren 800 000 RM erforderlich. Nachdem die Regierung notwendige gesetzliche Voraussetzungen geschaffen hatte, wurde die Enteignung beantragt.[339] Der Quadratmeter wurde mit 25 bis 75 Pfennigen bezahlt. Eine Reihe von Betroffenen wehrte sich vergeblich, forderte höhere Preise bzw. wollte die Wiesen nicht verkaufen, weil sie diese für ihr Vieh benötigte. Auf dem Enteignungswege wurden insgesamt 600 000 m² Land zum Preis von 226 000 RM erworben. Mit den städtischen und den Kirchengrundstücken standen dem Werk insgesamt 1,5 Millionen Quadratmeter zur Verfügung.

Abb. 87   Zellwollewerk im Aufbau

Am 01. April 1938 begann der Bau von Baracken und am 10. Mai 1938 der Bau der Industrieanlage. Ständiger Zeitdruck und ein dauerhaft empfindlicher Mangel an Arbeitskräften begleiteten die Aufbaumaßnahmen. Das gesamte Baugelände musste bis zu einer Höhe von 4,50 Meter aufgespült werden. Am 10. Oktober 1938 waren erst 50 Beschäftigte im Werk. Die Arbeitszeit betrug täglich 11 Stunden. Es wurde in zwei Schichten gearbeitet. Die Arbeitskräfte waren in Massenquartieren untergebracht. Bald war absehbar, dass der ursprüngliche Fertigungstermin vom 01.11.1938 nicht eingehalten werden konnte, obwohl bereits ab August 1938 täglich 30-40 Waggons mit Stroh eintrafen.

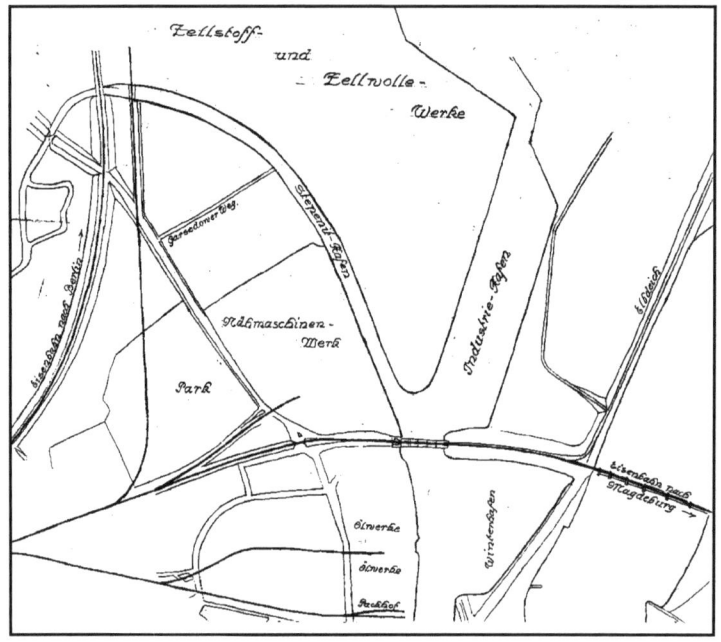

Abb. 88 Lageplan des Werkes

Das Richtfest fand am 27. Februar 1939, statt.[340] Geladen war dazu die gesamte „nationalsozialistische Prominenz", vom Gauleiter und Oberpräsidenten bis zu den örtlichen Partei- und Staatsfunktionären. Kreisleiter Kannengießer wünschte in seiner Rede, dass sich der Wittenberger Betrieb zu einem nationalsozialistischen Musterbetrieb entwickeln möge. Bis zu diesem Zeitpunkt waren von rund 1 600 Bauarbeitern 45 000 t Zement, 750 000 Stück Ziegelsteine, 9 000 t Baustahl und 1 200 t Maschinenstahl verarbeitet worden. Eine Million Kubikmeter Erde waren aufgespült und weitere 120 000 Kubikmeter Erde bewegt worden.

Abb. 89 Aufbau des Werkes

Im Februar 1939 wurden die ersten Maschinen und Apparate in die errichteten Neubauten eingebaut. Am 20. März 1939 begann die Montage des Kesselhauses. Nach der Montagezeit von fünf Monaten gab der erste Kessel Dampf am 21.07.1939 ab. Der erste Strom floss am 25. Juli, das erste Wasser am 20. Juli. Am 22.07. wurde die erste Spinnstraße in Betrieb genommen. Die erste Zellwolle wurde am 03.08.1939 produziert, zunächst noch mit fremdem Zellstoff. Die Kapazität betrug anfangs 60 t, später 110 Tonnen Zellwolle pro Tag. Sie steigerte sich auf eine Monatsproduktion von 916 t Zellwolle im Dezember 1939.

Im Februar 1940 waren weitere vier Spinnmaschinen fertig, so dass die Tagesproduktion auf 65 t anwuchs. Am 15.03.1940 ging der erste Zellwolletransport auf dem Wasserwege von Wittenberge ab.[341] Am 06.03. stimmten die Wittenberger Abgeordneten dem Bau einer Schwefelkohlenstofffabrik zu, sie befürchteten lediglich Geruchsbelästigungen.[342]

Die eigene Zellstoffproduktion begann am 13. Mai 1940. 98 % der Produktion wurden an die Papierindustrie verkauft, da die Qualität für die eigene Zellwolleherstellung nicht geeignet war. 1941 machte sich der Mangel an Stroh - es wurden riesige Mengen davon benötigt - und an Brennstoffen bemerkbar, so dass die Zellstoffproduktion teilweise still lag.[343] Störungen an Maschinen, Strohmangel und schließlich die Bombenangriffe führten ab 01. Oktober 1944 zur Einstellung der Zellstofferzeugung.[344]

Durch Mangel an Kohlen, Schwefelsäure u.a. Materialien gab es zeitweise auch bei der Produktion von Zellwolle Schwierigkeiten. Die Gesamtproduktion von Zellwolle betrug: 1940 19 000 t, 1941 26 000 t, 1942 36 300 t und 1943 7 700 t. Trotz dieser vielen Schwierigkeiten stieg der Umsatz der Kurmärkischen Zellwolle ständig. 1940 betrug er 29 Millionen Reichsmark, 1943 71 Millionen. Ab 1942 erwirtschaftete der Betrieb schließlich Gewinne. 1943 betrug dieser 6,6 Millionen RM.[345]

Abb. 90 Die Strohlagerhalle

Die Betriebsleitung trieb in der Folgezeit auch die Spezialforschungen voran, so z.B. die Produktion von Zelljuteerzeugnissen, die für Schießbaumwolle benötigt

105

wurden. Im Januar 1942 wurde die Produktion von CS_2 aufgenommen, die sich so entwickelte: 1942   11 878 t, 1943   10 752 t und 1944   8 707 t

Immer wieder war die Bereitstellung von Arbeitskräften das Hauptproblem bei er Fortentwicklung des Betriebes. Deshalb begann man Siedlungshäuser und Wohnungen für die Stammbelegschaft zu errichten. Es hatte sich in Berlin eine „Kurmärkische Zellwolle Kleinsiedlung G.m.b.H." gebildet, die etwa 150 Häuser nördlich der Kyritzer Straße und im Düsterweg baute. Jede Siedlerstelle hatte 600 m² Gartenland. 75 % des nötigen Kapitals wurde durch eine Reichsbürgschaft gesichert, das Werk und die Siedler leisteten Beiträge. Nach drei Jahren sollten die Häuser Eigentum werden. Zusätzlich wurde weiteres Bauland u.a. an der Kyritzer Straße und am Düsterweg erworben und bebaut. 1941 wurde die sog. „Blumensiedlung" gebaut und an der Hindenburgstraße[346] ein Baugelände gekauft. Dort errichtete die Baugesellschaft „Neues Heim" Wohnungen für die Zellwollewerker.[347]

Der größere Teil der Belegschaft war allerdings in Lagern untergebracht. 1940 wurde der Bau eines großen Gemeinschaftslagers in der Lenzener Straße in Angriff genommen.[348] Die Zellwolle hatte den sogenannten Storbeckschen Plan gegenüber der Metscherschen Gießerei gepachtet und dort 25 Familienbaracken zu je vier Wohnungen errichtet. Für 84 Ledige wurde eine Gemeinschaftsbaracke errichtet. Hier wohnten meist Arbeiter aus dem „Protektorat Böhmen und Mähren"[349] und später aus dem „Generalgouvernement"[350]. Auf dem Mühlenberg entstand ein zweites Barackenlager.[351]

Die Verbindungen zwischen dem Betrieb und den Spitzen der Nazipartei waren besonders gut. Ausgesprochen eng waren sie mit der SS. Das zeigte sich besonders im Zusammenhang mit der Einrichtung und der Verwaltung des Konzentrationslagers im Jahre 1942.

Beim Aufbau des Werkes standen zeitweise nur 300 von etwa 2 000 benötigten Arbeitskräften zur Verfügung. Diese Arbeitskräfte waren keineswegs in ihrer Gesamtheit politisch zuverlässig. 1939 war das besonders bei den aus der annektierten CSR, dem so genannten „Protektorat Böhmen und Mähren" der Fall, wo viele nach Deutschland zwangsverpflichtet worden sind. Die Tschechen und Slowaken wurden in Gemeinschaftslagern in der Bahnstraße im ehemaligen Kaufhaus Emil Müller und in der früheren Zeitungsdruckerei Martin Böcker in der Lenzener Straße untergebracht. Dazu kamen sogenannte Volksdeutsche aus Polen.[352] Im Laufe des Jahres 1940 wurden ein größeres und ein zwei kleinere Lager für die Gefangenen eingerichtet.[353]

Die Gefangenen wurden in zwei Gruppen eingeteilt: Facharbeiter und Ungelernte. Sie mussten von 8.00-17.30 Uhr mit einer Stunde Mittagspause arbeiten. Der Stundenlohn betrug 0,66 bzw. 0,33 RM, wovon ein Teil für Verpflegung und Unterkunft einbehalten wurde. Die Gefangenen durfte nur 10 RM behalten, die ihnen in Lagergeld ausgezahlt wurden. Der größte Teil der Gefangenen war im Zellwollebetrieb eingesetzt. Mit der Arbeit der Franzosen war man anfangs zufrieden und wollte sie sogar prämieren, was sich aber später änderte.

Im Januar 1940 hatte das Werkes 1 650 „Gefolgschaftsmitgliedern", wie es offiziell hieß. Davon waren 1 468 männliche und 182 weibliche Arbeitskräfte. 120 Betriebsangehörige waren zur Wehrmacht eingezogen worden. Sie wurden in der offiziellen Statistik aber noch mitgezählt. Von den verbliebenen 1 530 waren: 1 108 Deutsche, 222 Tschechen, 21 Slowaken, 67 Polen, 8 Ukrainer, 6 Jugoslawen und 55 Ost- und Westflüchtlinge.[354]

Im November 1940 wurden dem Betrieb 271 belgische und flämische Arbeiter zugewiesen, von denen es einem großen Teil gelang, einzeln oder in Gruppen zu fliehen. Ende 1940 waren etwa 2 640 Arbeitskräfte im Werk, Ende 1943   3 860, September 1944   4 450. Dabei stieg der Anteil der Ausländer ständig. Ende September gab es hier 2 757 Zwangsarbeiter, das waren etwa 60 % der Belegschaft. Ohne die Zwangsarbeitskräfte aus vieler Nationalitäten hätte das Werk überhaupt nicht hätte existieren können.

Die Unterbringung der Arbeitskräfte, die teilweise mit Familien nach Deutschland verschleppt waren, war zeitweise katastrophal, zumal die NSV[355] sich weigerte, Unterstützung zu geben. Der Betrieb hatte inzwischen Lager im „Stadtsaal" und in Emil Köllers Kino „Kammerlichtspiele" eingerichtet und es gab die Phrixlager I und II.

In den folgenden Jahren spielten als billiges Ausbeutungsobjekt neben den KZ-Häftlingen, Ostarbeiter und Kriegsgefangene eine Rolle. Die Kriegsgefangenen erhielten 33 Pfennige Stundenlohn, worin Verpflegung und Unterbringung einbegriffen waren. Das Geld erhielten die Gefangenen natürlich nicht. Der Stundenlohn wurde auf der Grundlage der 48-Stundenwoche errechnet, praktisch aber konnten die Gefangenen solange beschäftigt werden, wie es das Tageslicht zuließ. Dass die Arbeitsleistung unter solchen Bedingungen nicht befriedigen konnte, ist natürlich nicht verwunderlich.

Am 24. März 1942 kamen 100 polnische Juden nach Wittenberge, einige Wochen später weitere 200. Sie waren aber so heruntergekommen, dass bald die Hälfte von ihnen wieder zurückgeschickt wurde. Der Älteste war 55, der Jüngste 18 Jahre alt. Es waren meist Arbeiter der verschiedensten Gewerke aus Lodz und dem Kreis Kutno. Sie brachten nur 30 % der geforderten Arbeitsleistung. Das wird verständlich, denn ihre Tagesrationen waren noch viel geringer als die der russischen Gefangenen. So erhielt ein Jude im September 1942 nur 171,4 g Brot, ein Russe 278,6 g. Bis Oktober 1942 waren 177 Juden wegen Nichteinsatzfähigkeit, Unfall und Tod ausgefallen.[356] Die Juden sollten grundsätzlich als Hilfsarbeiter für den Bau der Hefefabrik eingesetzt werden. Zur Aufsicht sollten Vorarbeiter bestimmt werden, „die ein entsprechendes Arbeitstempo vorlegen können."

Der Überfall auf die Sowjetunion schuf eine neue Situation. Am 17. März 1942 teilte die Industrie und Handelskammer Berlin mit, dass der Einsatz von sowjetischen Kriegsgefangenen vorgesehen sei und dass die entsprechenden Vorbereitungen z. B. zum Barackenbau zu treffen seien. Dieses „Russenlager für Kriegsgefangene" befand sich an der Berlin-Hamburger Bahn.

Am 31. Mai 1942. waren im Werk 1 586 männliche und 12 weibliche Arbeiter beschäftigt. Dazu gehörten: 442 Tschechen, 435 Polen, 21 Slowaken, 4 Ungarn, 7 Russen, 6 Jugoslawen, 14 Ukrainer, 1 Schweizer, 51 Holländer, 70 Belgier, 7 Franzosen, 2 Italiener, 1 Rumäne, 2 Staatenlose. Dazu kamen 300 Juden und 234 französische Kriegsgefangene. Diese Zahlen veränderten sich ständig. Die Anforderungen des Betriebes auf Zuweisung von Arbeitskräften hörten nicht auf. Besonders akut wurde das mit der Einrichtung der Hefefabrik. Im Juni erhielt der Betrieb 221 zivilrussische Arbeiter (171 männliche und 50 weibliche), hauptsächlich aus der Ukraine, dem Bezirk Kiew. Diese Arbeiter waren von Werbestellen in der Ukraine angeworben worden. Ihnen wurde versprochen, dass sie wie Deutsche behandelt würden und Kleidung bekämen.

Die Hefefabrik wurde im Jahre 1942 ein besonderer Schwerpunkt[357]. Bei diesem Projekt handelte es sich um die Produktion eines eiweißhaltigen Nahrungsmittels, das besonders auch für die SS und die Wehrmacht gedacht war, wobei auch solche Fabriken, wie Knorr und Oetker sich interessiert zeigten. Man plante, jährlich 40 000 t Hefe herzustellen. 1941 begannen die Bauarbeiten für die 25 Millionen RM zur Verfügung gestellt wurden. Man beabsichtigte, diese Hefefabrik bis zum Januar 1943 fertig zu stellen. 1942 wurde die Produktion von Nährhefe in einer kleintechnischen 25-kg-Anlage aufgenommen. Der Bau der Hefeanlage kam aber nicht recht voran. Wieder war das Fehlen geeigneter Arbeitskräfte der Grund hierfür. Auch die vorgesehene Erweiterungen des Schwefelkohlestoffbetriebes und der neuen Energieanlage gingen nicht ohne zusätzliche Arbeitskräfte.

Zu diesem Zeitpunkt hatte das Werk riesige Mengen Stroh aus Frankreich erhalten, so dass, falls Arbeitskräfte da waren, die Zellstofffabrik bis Oktober in Betrieb genommen werden könnte. Es wurde erneut ein Bedarf von 1 100 Arbeitskräften angemeldet. Für 300 Arbeitskräfte war eine notdürftige Unterbringung gesichert. Für den Rest sollten weitere Barackenlager gebaut werden.[358]

Unter den Ostarbeitern befanden sich nicht nur Erwachsene, sondern auch Kinder im Alter von 11 bis 14 Jahren, die hier unter unmenschlichen Bedingungen arbeiten mussten.[359] Das waren nicht die einzigen Kinder, denn schon im Dezember 1942 befanden sich, wie bereits oben mitgeteilt, 26 polnische und sowjetische Kinder unter 14 Jahren in Wittenberge zur Arbeit.

Natürlich verbesserte sich die Arbeitskräftelage auch im Jahre 1944 nicht. Der Betrieb lief auf Hochtouren. Die Produktion der Hefefabrik ging ausschließlich an die SS bzw. Wehrmacht oder für „sonstige kriegswichtige Zwecke ersten Ranges" weg. Auch von der übrigen Produktion ging zu diesem Zeitpunkt 82,5 % in den Wehrmachtssektor, 10 % für zivile Zwecke und 8 % in den Export.[360]

Im September 1944 brach eine Ruhrepidemie im Werk aus. Acht Falle wurden registriert. Drei Deutsche kamen ins Krankenhaus und fünf Ausländer ins Krankenrevier. Das Essen war durch einen Mitarbeiter infiziert worden. Es traten fünf TBC-Fälle und eine CS_2-Psychose auf.

Eine letzte Aufstellung über die im Betrieb vorhandenen Lager und deren Insassen liegt vom 1. Januar 1945 vor. Danach verteilen sich auf insgesamt acht Lager 1 143 Kriegsgefangene (410 sowjetische, 562 polnische und 171 französische), sowie 1 608 männliche und 411 weibliche Zivilgefangene.

Die Einrichtung eines Konzentrationslagers in der Kurmärkischen Zellwolle im Jahre 1942 gehört zu den düstersten Kapiteln in der Geschichte des Werkes. Dieses Lager war ein Außenkommando des Konzentrationslagers Neuengamme. Die ersten 150 Häftlinge waren wohl meist sowjetische Kriegsgefangene. Sie wurden zunächst provisorisch untergebracht, dann wurde auf dem Werksgelände ein Lager errichtet. Es befand sich an der Kaimauer zum Karthanehafen.[361]. Von den 150 Häftlingen starben bis Jahresende 10, davon allein sieben im Dezember. Sie wurden in Papiersäcken auf dem Wittenberger Friedhof begraben.[362]

Der vorhandene Auszug aus der Sterbeliste weist vom 06.01.1943 bis zum Dezember 1944 insgesamt 119 Tote aus. Allein im Januar verstarben 29, im Februar 16, im März erneut 16 Häftlinge. Am 06.04. wurden vier Tote gemeldet. Todesursache: Auf der Flucht erschossen. Die Mehrzahl der in der Sterbeliste ausgewiesenen Häftlinge stammten aus der UdSSR (89), zwei aus der CSR, 14 aus Polen. Weiter waren darunter ein Holländer, zwei Jugoslawen, ein Belgier, ein Ungar und neun Deutsche.

Die KZ-Häftlinge waren im Betrieb zunächst nur für den Auf- und Ausbau des Werkes eingesetzt worden. In den Produktionsabteilungen durften sie nicht beschäftigt werden, da eine strenge Anweisung bestand, die Häftlinge nur in geschlossenen Gruppen einzusetzen

Anfang Mai 1945 trafen erneut 57 KZ-Häftlinge ein. In der folgenden Zeit muss sich der Häftlingsbestand trotz Abgang durch zahlreiche Todesfälle weiter erhöht haben, da, wie bereits erwähnt, im April 1943 die Zahl 515 erreicht wurde.[363]

Die ursprüngliche Beschränkung des Einsatzes der Häftlinge musste mit Fortdauer des Krieges bald aufgehoben werden. So wurde am 29. März 1944 bekannt gegeben, dass „besondere Gründe" den Betrieb zwingen, Häftlinge innerhalb des

Betriebes einzusetzen. Dabei wurden die Belegschaftsmitglieder bei Androhung strengster Strafen darauf hingewiesen, keine privaten Gespräche mit den Häftlingen zu führen und sich nicht zur Nachrichtenübermittlung verleiten zu lassen, so z.b. zur Weitergabe von Staatsgeheimnissen. Im Januar 1945 waren noch 492 Häftlinge vorhanden. Allerdings musste der Betrieb zu Produktionseinschränkungen übergehen.

Der „Totale Krieg" und die damit verbundenen weitere Verschlechterung der Arbeitskräftesituation zwang die Verantwortlichen, mit den Arbeitskräften vorsichtiger umzugehen. Immer mehr mussten die ausgefallenen Soldaten aus dem Stammpersonal ersetzt werden, während gleichzeitig die Produktivität brutal gesteigert wurde. So versuchten natürlich auch die Häftlinge, Möglichkeiten zu finden, um ihre Lage zu erleichtern. Diese Aufgabe kam besonders dem Lagerältesten zu. In Wittenberge bemühte sich Karl Gräfe auf vielfältige Art und Weise, zusätzliche Nahrungsmittel zu beschaffen bzw. bei der Direktion zu erbitten. Für den Verdienst, den das Lager erhielt, versuchte Gräfe z.B. Tabakwaren oder Getränke zu besorgen. Es gelang ihm auch, eine kleine Lagerkapelle zusammenzustellen. Auch Kontakte zu mutigen Bürgern der Stadt konnten geknüpft werden. So steckte nach den Bombenangriffen mancher Einwohner den Häftlingen für deren Hilfe ein Stück Brot zu. Vom Lagerältesten wurden in seinem nach dem Krieg verfassten Bericht der Fleischermeister Lattorf, die Kolonialwarenhändler Hamann und Wolff, der Fischhändler Karl Wiese und der Bäcker Schilling als hilfsbereite Einwohner genannt.

Im Jahre 1944 kehrte der Krieg immer mehr an seinen Ausgangspunkt zurück. Auch die Zellwolle blieb nicht verschont. Am 06. März erfolgte bei strahlendem Sonnenschein gegen 14 Uhr der erste zielgerichtete Luftangriff auf das Werk. Es fielen ca. 80 Bomben, vornehmlich 250 kg Sprengbomben. Das Öl- und Farbenlager erhielt Treffer und ein Großbrand vernichtete die Zentralwerkstatt und das Technische Lager. In der Zellwollefabrik gerieten das Fertigwarenlager und die Ballenpackpresse in Brand. Weiter wurden die Energieversorgung, die Hefefabrik, die Laugenregenerierung, die Hauptwasserleitung und die Werkstraße in Mitleidenschaft gezogen.

Es gab insgesamt 39 Tote, die zum Teil völlig verstümmelt waren, sowie 31 Schwer- und 61 Leichtverletzte. 20 Deutsche befanden sich unter den Toten und 19 Ausländer. Unter den schwer Verletzten waren 11, unter den Leichtverletzten 32 Ausländer. Inwieweit KZ-Häftlinge darunter waren, ist nicht bekannt. Die Häftlinge wurden zusammen mit dem Werkschutz für Aufräumungsarbeiten, zur Leichenbergung und Bombenbeseitigung auf dem Werkgelände eingesetzt. Sie mussten im Werkgelände, aber auch in der Stadt Wittenberge, Blindgänger entschärfen und Tote und Verletzte bergen. Die Leichen wurden in Säcke verpackt und in einem Raum der Lohnbaracke gesammelt. Beigesetzt wurden die Toten auf dem Friedhof neben der Friedhofskapelle. Die sowjetischen Bürger, die ums

Leben gekommen waren, wurden mit Benzin übergossen und auf dem Werkgelände Kuhblank verbrannt. [364]

Der zweite große Luftangriff fand am 18. April 1944 statt. Zwischen 14.50 Uhr und 15 Uhr wurden drei Angriffe auf das Werk geflogen. Hauptsächlich wurden Phosphorbrandbomben und einzelne Sprengbomben abgeworfen. Getroffen wurde das Stroh- und Außenlager, die Zellstoff- und Zellwollefabrik. Die Angriffe erfolgten hintereinander, was die Löscharbeiten sehr erschwerte. Die Zellstoffvorräte wurden bis auf 80 t völlig vernichtet. Eine ganze Reihe von Werkstätten, die schon am 6. März zerstört wurden, fielen erneut dem Angriff zum Opfer. Vernichtet wurden: ca. 28 000t Stroh, ca. 2 500 t Zellstoff, die gesamte Einrichtung der Magazine, insbesondere der Strohhalle mit allen Transportanlagen, die Zellstofflagerhalle, das Gebäude der Hauptfeuerwehr mit Schlauchdepot, das Eiweißlaboratorium und das Eiweißlager, das Lohnbüro, ein Teil der Finanzbuchhaltung, ein großer Teil der Gleisanlagen. Es gab allerdings nur drei Verletzte. Die Produktion von Zellstoff und Zellwolle musste vollkommen eingestellt werden, wurde aber durch verstärkte Antreibermethoden bis Ende 1944 wieder in Gang gebracht, wobei z.T. unter primitiven Bedingungen produziert werden musste.

Die Front rückte immer näher. Der Hitlerfaschismus hatte das letzte Aufgebot im Volkssturm organisiert. In das Aufgebot I des Volkssturmes wurden im November 1944 256 Mann eingruppiert. [365]

Endgültig stillgelegt wurde die Produktion im April 1945.

Beträchtlichen Schaden erlitt das Werk jetzt durch den Artilleriebeschuss der Amerikaner. Am 12. April 1945 erreichten die Amerikaner das westliche Elbufer und zerstörten erheblich Teile der Betriebsanlagen. Dazu kamen in diesen letzten Kriegstagen umfangreiche Beschlagnahmungen durch den Stadtkommandanten von Wittenberge.

Nach dem Zweiten Weltkrieg wurden die durch Kriegseinwirkungen entstandenen Schäden zunächst provisorisch behoben. Von Mai b1945 bis September 1946 erfolgten Aufräumungs- und Demontagearbeiten auf dem Betriebsareal.

Abb. 91   Betriebsleitung 1946: Adolf Muchow
(daneben stehend: Walter Stiebeler)

Über die weitere Entwicklung gibt eine Dokumentation der „Prignitzer Zellwolle Arbeitsförderungsgesellschaft" Auskunft.[366]

8.3. Mechanische Werkstätten Fritz Völk G.m.b.H.

1941 richtete die Berliner Firma "Mechanische Werkstätten Fritz Völk G.m.b.H." in den Räumen der ehemaligen Zigarrenfabrik von Martin Rustin, Perleberger Straße 35/36 ihren Rüstungsbetrieb ein, der optische Geräte für den Militärbedarf produzierte. Auch dieser Betrieb zählte zu den sog. "Luftwaffen-Betrieben" wie die Nordeuma. Im Betrieb waren ebenfalls ausländische Arbeitskräfte beschäftigt. 1945 wurden diese Räumlichkeiten dann zunächst als "Seuchenkrankenhaus" genutzt. Später entstand daraus das Krankenhaus II in Wittenberge.

9. Auswirkungen der wirtschaftlichen Entwicklung auf das Leben in der Stadt

Die Entwicklung der Stadt Wittenberge von einem Ackerbürgerstädtchen zu einer Industrie- und Arbeiterstadt hatte natürlich erhebliche Veränderungen in den örtlichen Strukturen und in allen Bereichen des Lebens ihrer Bürger zur Folge. Auf einige wesentliche Aspekte soll in diesem abschließenden Kapitel eingegangen werden.

9.1. Die Entwicklung des Handwerksbetriebes Metscher

Zahlreiche ursprüngliche Handwerksbetriebe haben sich trotz Veränderungen ihres Leistungsprofiles jedoch in der sehr stürmisch verlaufenden Epoche in ihrer handwerklichen Struktur erhalten. Als Beispiel sei der **Handwerksbetrieb Metscher**[367] beleuchtet.

Diesen Betrieb gibt es seit 1858 in Wittenberge. Die Berufstradition der Gelbgießerfamilie Metscher reicht bis 1740 zurück. Ursprünglich war die Familie in Magdeburg ansässig. Gelbgießermeister Carl Wilhelm Metscher jun.[368] begründete in Wittenberge auf dem Grundstück Bahnstraße 73, damals noch am Rande der Stadt liegend, seine eigene Firma, eine Rot- und Gelbgießerei.

Zunächst wurden hier mit einfachsten Mitteln Plätten, Leuchter und verschiedene Kleingeräte aus Messing hergestellt. Die drei Söhne des Firmeninhabers arbeiteten als Gehilfen im Handwerksbetrieb mit. Bald vergrößerte die Firma ihre Werkstatt, in der nun mit Hilfe einer Dampfmaschine viele Arbeitsgänge mechanisiert wurden. Die Fabrikation von Pumpen, Kleinmaschinen aller Art und Feuerspritzen wurde aufgenommen.

Abb. 92   Carl Wilhelm Metscher

Im Jahre 1891 übernahmen die drei Söhne Gustav, Carl und Reinhold Metscher den Betrieb. Die Firma trug nun den Namen **„Gebrüder Metscher, Metallguß-waren-, Pumpen- und Maschinenfabrik"**. Um die Jahrhundertwende über-nahm der Betrieb eine Eisengießerei in der Lenzener Straße. Die heute noch in vielen Wittenberger Straßen zu findenden Abdeckungen für Dachrinnenabflüsse erinnern an diesen Betrieb, der so noch bis 1929 existierte.

Bald nach der Übernahme des Betriebes durch die Gebrüder Metscher brannte ein Teil des Werkstattgebäudes in der Bahnstraße/Bäckerstraße ab. Als Ersatz wurde das heute noch vorhandene und genutzte Werkstattgebäude errichtet.

Brunnenbau und die Einrichtung von Wasserleitungen gehörten zum erweiterten Betätigungsfeld. Noch heute sind in der Prignitz, der Altmark und dem angren-zenden Niedersachsen zahlreiche durch die Firma Metscher gebohrte Brunnen in Betrieb. Eine planmäßige Lehrlingsausbildung sorgte stets für genügend berufli-chen Nachwuchs. Auf der Weltausstellung in Paris im Jahre 1900 war die Firma Metscher mit Metallgussteilen vertreten und kündete dort vom Fleiß und den Erfolgen des Wittenberger Handwerks.

1929 kam es zur Liquidation der offenen Handelsgesellschaft. **Zwei neue Be-triebe**, die von den Söhnen zweier Inhaber weitergeführt wurden, entstanden. Die Werkstätten in der Lenzener Straße übernahm bis 1945 der Ingenieur Franz Metscher. Das Gewerbegrundstück Bahnstraße / Bäckerstraße übernahm 1929 der Ingenieur Fritz Metscher, der diesen Betrieb 50 Jahre mit Tatkraft und Ener-gie leitete.

Neben der weitergeführten Metallgießerei, dem Pumpen- und Maschinenbau wurden jetzt verstärkt Heizungsanlagen gebaut und Feuerlöschbrunnenbohrun-gen ausgeführt.

Nach dem Zweiten Weltkrieg hatte die Gießerei nochmals eine regelrechte Re-naissance. Jetzt wurden vor allem Gebrauchsgegenstände wie Eimer und Töpfe aus Aluminium gegossen. Viele Gegenstände, die für den Wiederaufbau von zerstörten Betrieben und Einrichtungen dringend benötigt wurden, kamen aus der Werkstatt von Metscher. Die große Vielseitigkeit des Betriebes hat nach dem Krieg und vor allem in der DDR-Zeit mit dazu beigetragen, dass die alte Firma überleben konnte.

In den fünfziger Jahren wurde schließlich der Gießereibetrieb allmählich einge-stellt. Trotzdem ist die Firma auch heute noch technisch in der Lage, in dringen-den Fällen Gießereiarbeiten für den eigenen Bedarf durchzuführen. In zuneh-mendem Maße hat sich jedoch die Haupttätigkeit des Betriebes bereits seit 1950 auf andere Gebiete verlagert. 1979 übernahm Dietmar Metscher den alten Handwerksbetrieb mit dem Schwerpunkt Brunnenbau. Auch heute noch fertigt die Firma Metscher von ihr benötigte Filter, Flansche, Feuerlöschbrunnenränder und Werkzeuge weitgehend in eigener Werkstatt an.

Gebrüder Metscher, Wittenberge
Bezirk Potsdam.
Fabrik für Feuerlöschgeräte.

Land- und Gemeinde-Spritze Nr. 75A-78A.

Obige Spritze ist kleinen Landgemeinden, Gutsbezirken und Fabrik-Etablissements zu empfehlen, da sie handlich von wenigen Leuten bedient werden kann und der Anschaffungspreis ein geringer ist. Was Ausführung, Stabilität und Leistungsfähigkeit anbelangt, so erfüllt sie sämtliche Bedingungen, die von den Landfeuer-Sozietäten gestellt werden.

Die Spritze ruht auf schmiedeeisernem Rahmen. Das Spritzwerk, sowie sämtliche arbeitende Teile sind aus Bronze hergestellt. Die Cylinder sind schrägstehend und die Ventile durch Lösen einer Schraube leicht herauszunehmen. Der Wagen hat hohe Vorder- und Hinterräder, 4 Sitzplätze, abnehmbare Schlauchhaspel und geräumigen Werkzeugkasten.

Im Preise einbegriffenes Zubehör: 8 Meter Gummispiralschlauch, abschraubbarer kupferner Saugekorb mit Rohrschutzkorb und Korkschwimmer, 2 Meter gummierter Plantierschlauch, 30 Meter prima Hanfschlauch mit Normalverschraubungen, 1 Strahlrohr mit 2 Mundstücken, 1 Holzhammer, 1 Oelkanne, diverse Schraubenschlüssel, 1 Glocke und 2 Wassereimer.

Garantie 5 Jahre, — ausschließlich der Schläuche.

Abb. 93   Werbeblatt der Firma Metscher

Neben dem Bau von Pumpen und der Errichtung von Feuerlöschbrunnen und Trinkwasseranlagen werden auch Baugrundbohrungen und Altlastenbohrungen als Vorbereitung für Umweltschutzmaßnahmen durchgeführt, Aufgaben, die in Zukunft immer mehr an Bedeutung gewinnen werden.

9.2. Geldinstitute in der Elbestadt

Für das Gedeihen des Wirtschaftslebens in der Stadt waren und sind Geldinstitute von besonderer Bedeutung. Das erste Bankgeschäft in unserer Stadt wurde durch den jüdischen Einwohner **Saul Pintus** schon im Jahre 1837 gegründet. Es befand sich in der Poststraße. Es wurde später durch den Sohn Paul Pintus weitergeführt.

Das im Jahre 1863 in Wittenberge gegründete **Bankgeschäft des Kaufmanns Heinrich Ludwig Christian Wiglow**[369] wurde am 27. Januar 1865 in den „Vorschuss-Verein Wittenberge" umgewandelt. Dieser Vereinigung gehörten damals 20 Mitglieder an, der Vorsitzende war Bankier Heinrich Wiglow. Der Sitz des Bankvereins befand sich viele Jahre im Wiglowschen Hause, Chausseestraße 32.[370]

Am 02. Oktober 1906 entstand aus dem „Vorschuss-Verein" der **„Bankverein Wittenberge e.G.m.u.H."**[371]. Als Vorsitzender des Aufsichtsrates dieser genossenschaftlichen Einrichtung fungierte **Johannes Runge**, Geschäftsführer der Firma Hofmann & Römer und ehrenamtlicher Beisitzer des Wittenberger Bürgermeisters. 1907 zählte der Bankverein bereits mehr als 600 Mitglieder. Allein aus der Mitgliederentwicklung dieser genossenschaftlichen Bank ist ablesbar, welche wichtige wirtschafts- und handelspolitische Funktion ihr bei der Entwicklung zur Industriestadt Wittenberge zugemessen werden muss.

1921 erfolgte der Umzug in ein in der Bahnstraße 42 in Wittenberge neu errichtetes sehr repräsentatives Geschäftshaus, das leider beim letzten Bombenangriff am 10. April 1945 auf Wittenberge zerstört wurde.

Bereits auf der Ordentlichen Generalversammlung am 16.12.1924 wurde die Anbahnung einer Vereinigung des Bankvereins mit der Landwirtschaftlichen Bank Wittenberge in Aussicht genommen. Weil der Antrag jedoch damals zurückgezogen wurde, fand keine Diskussion darüber statt. Ab 1933 nannte sich die Bank **„Volksbank"**.

Nach längeren Vorverhandlungen zwischen dem Bankverein Wittenberge und die Landwirtschaftlichen Bank Wittenberge vereinigten sich beide Institute.

Im Januar 1924 kam es zur Gründung einer **„Landwirtschafts- und Gewerbebank Wittenberge e.G.m.b.H.** Am 29.01.1946 erfolgte die Gründung der **Raiffeisenkasse Wittenberge und Umgebung**. Zum Vorsitzenden des Aufsichtsrates wurde Kaufmann Max Keilberg gewählt. Ihre Nachfolgerin, die Wittenberger Filiale der **„Volks- und Raiffeisenbank Prignitz e.G., Perleberg"**, ist bis heute in der Bahnstraße 75 ansässig.

Schon 1862 wurde in Wittenberge eine **Städtische Sparkasse** gegründet. Die Spareinlagen bei ihr hatten im März 1914 Höhe von 6,5 Millionen Mark erreicht. Bis zum Jahresende desselben Jahres waren ca. 14 000 Sparbücher im Umlauf.

Am 16. März 1925 eröffnete die Städtische Sparkasse ihre erste Nebenstelle in der Bahnstraße 10. Ende 1938 betrug der Bestand an Spareinlagen bei der Städtischen Sparkasse Wittenberge:

- mit gesetzlicher Kündigungsfrist: 4 747 805,98 RM;
- mit besonders vereinbarten Kündigungsfristen   3 286 795,25 RM.

Bis 1939 waren die Einlagen auf 9 200 000 RM, also um 13 %, gestiegen.

Im Herbst 1902 regten hiesige Vertreter der Handelskammer die Einrichtung einer Nebenstelle der Reichsbank in Wittenberge an. Die Eröffnung einer **Reichsbank-Nebenstelle** in den Parterreräumen des Hauses des Reichsbahnsekretärs Fiebig in der Schützenstraße 5[372] erfolgte am 01. April 1903.[373] Die Rohbauabnahme des Wohnhauses des Maurermeisters W. Rössler, Perleberger Straße 171/172, in dem ab 1908 schon die Nebenstelle der Reichsbank untergebracht worden war, fand am 21.08.1908 statt.[374]

Weitere Geldinstitute siedelten sich später in Wittenberge an.

9.3. Bevölkerungsentwicklung zur größten Stadt der Prignitz

Der Zeitraum von etwa 1800 bis in die Mitte des 20. Jahrhunderts war eine der wichtigsten Etappen in der Stadtentwicklung und führte zur außergewöhnlichen Expansion der Stadt. Die erhebliche Zunahme an Einwohnern in Wittenberge zwischen 1800 und 1945 geht aus der nachfolgenden Tabelle hervor.

Jahr	Einwoh-	
1800	884	
1823	1 000	
1840	2 500	
1850	4 176	
1860	5 420	
1870	6 834	
1876	7 673	**Wittenberge hat Perleberg an Einwohnerzahl überholt.**
1880	9 548	Perleberg hat jetzt 7 673 Einwohner[375].
1890	12 587	
1900	16 322	
1910	20 709	
1920	24 848	
1930	26 476	
1940	31 415	
1945	39 587	
30.04.45	49 144	Davon: 39 397 Einheimische, 7 843 Umquartierte; 1 904 Ausländer.

Die erste Phase der Stadterweiterung, etwa 1800-1850, wurde vom Beginn des industriellen Aufschwungs und des baulichen Wachstums charakterisiert. Die zweite Phase, etwa von 1880-1890, sah das Areal der Stadt schon weitgehend bebaut; ein gitterförmiges Straßensystem um die Bahnstraße war im Entstehen. Ab der Jahrhundertwende erlebte Wittenberge dann seine Blütezeit als Industriestadt.

Abb. 94   Stadtbaurat Friede Everhard Bruns

Stadtbaurat Friede Everhard Bruns hatte großen Einfluss auf die bauliche Stadtentwicklung. In die Zeit seines Wirkens fällt u.a. die geplante Entwicklung des Viertels um die Johannes-Runge-Straße, die Bebauung der früheren Hohenzollernstraße[376] und der Parkstraße. Schon in den dreißiger Jahren des vorigen Jahrhunderts begann mindestens für die historische Altstadt Wittenberges eine Stagnationsphase.

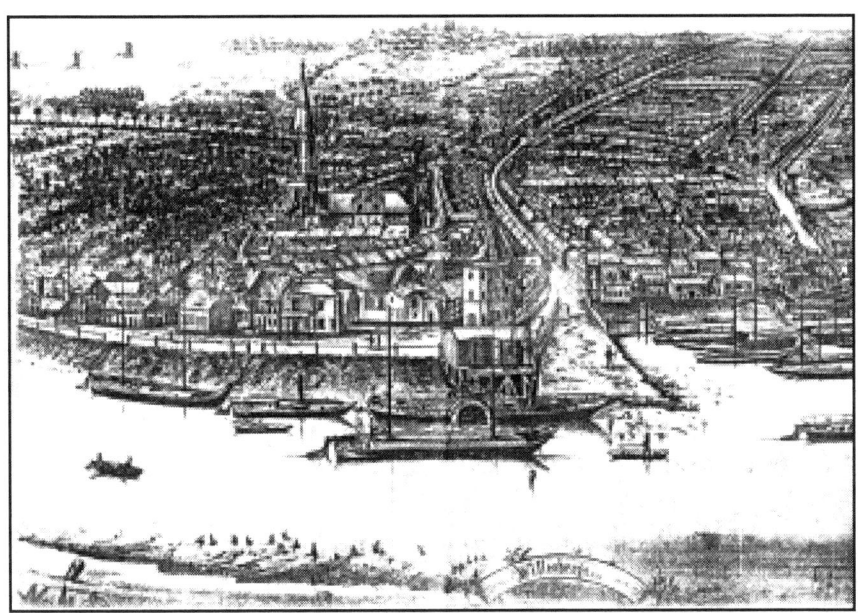

Abb. 95   Stadt Wittenberge im Jahre 1895

9.4. Städtische Betriebe

Der ständige Zuwachs an Bevölkerung in Wittenberge machte es einerseits notwendig, städtische Betriebe zur besseren Versorgung der Einwohnerschaft zu schaffen, andererseits trug die Entwicklung solcher Betriebe erheblich dazu bei, den Charakter als Industrie- und Arbeiterstadt weiter auszuprägen.

Noch am 28.10.1858 entschied die Wittenberger Stadtverordneten-Versammlung: *„Von einer Gasbeleuchtung der Stadt können wir fürs erste keinen Gebrauch machen.“* Man wollte sich sicherlich zurecht gründlich auf die Einrichtung einer **Gasanstalt**[377] vorbereiten, aber tat sich doch außerordentlich schwer damit. Deshalb vergingen noch viele Jahre, bis die „Allgemeine Gas-Actien-Gesellschaft zu Magdeburg"[378] 1875 die Konzession zum Bau und Betreiben einer Gasanstalt in Wittenberge für 25 Jahre erhielt. Als Standort wurde das Gebiet zwischen damaliger Schützenstraße[379], Friedrichstraße und Zimmerstraße bestimmt.

Schon am 09.09.1875 wurde die Einrichtung in der Schützenstraße 24 in Betrieb genommen. Die Baukosten hatten 237 663,57 Mark betragen. Die Gasvorräte wurden in zwei Gasometern gespeichert. Im ersten Produktionsjahr wurden 165 000 m³ Gas erzeugt In der Stadt gab es 55 Gaslaternen. Hauptabnehmer des Gases war die Berlin-Hamburger-Eisenbahngesellschaft.

Abb. 96   Die alte Gasanstalt von 1875

Der Preis für das Leuchtgas für Private betrug damals 22,5 Pf/m³. Für Gas zum Antrieb von Motoren und als Heizgas mussten 18 Pf entrichtet werden. Der anfallende Gaskoks[380] wurde anfangs meist nach auswärts abgesetzt, bis schließlich die Ölmühle und die Naylorsche Tuchfabrik ihren Koksverbrauch steigerten. Das Ammoniakwasser wurde in den ersten Jahren in der eigenen Anlage zu Salmiakgeist verarbeitet. Ab 1882 verkaufte man den Koks vollständig in Wittenberge. 1899 kaufte die Stadt Wittenberge das Gaswerk. Am 01.10.1899 waren drei Horizontalöfen mit zusammen 15 Retorten in Betrieb. Bei einer Einwohnerzahl von ca. 16 000 betrug die jährliche Gasabgabe rd. 550 555 m³. Aus dem Jahre 1900 ist bekannt, daß in Wittenberge inzwischen 180 Abendlaternen, 50 Nachtlaternen und 2 Mondscheinlaternen in Betrieb waren, davon waren insgesamt 102 für Gasglühlicht eingerichtet.

1900/1910 erfolgten entsprechend den aktuellen Erfordernissen umfangreiche Erweiterungen, wie die Erbauung neuer Horizontalöfen, zweier Gasbehälter mit 2 500 m³ Inhalt, eines neuen Uhren- und Reglerhauses, einer Reinigungsanlage, eines Kohlenschuppens mit Kohlentransportanlage und einer automatischen Waage. Am 28.10.1910 wurden Gasautomaten für die Versorgung aller Haushalte mit Stadtgas eingeführt. Die Hälfte der Konsumenten bezog vor dem Krieg ihr Gas durch Automaten. Sogenannte „Gasmünzen"[381] konnten in der Geschäftsstelle des Gaswerkes käuflich erworben werden. Ihr Einwurf in den Gasautomaten gab eine Gasmenge von 1 m³ als Gegenwert für den Kaufpreis der Münze zum Verbrauch frei. Um einen jähen Abbruch der Gaszufuhr zu vermeiden, mussten sich die Haushalte mit Gasmünzen bevorraten.

Nach dem Bau eines neuen Gasometers mit einer Speicherkapazität von 6 000 m³ Gas, der Stilllegung der Horizontalofenanlage und der Errichtung einer Vertikalkammerofenanlage in den Jahren 1920/1922 erhöhte sich die Leistung in 24

Kammern für je 1 000 m³ Tagesleistung auf bis zu 18 000 m³ Gas täglich. 1925 betrug dann der Gasverbrauch pro Kopf der Bevölkerung in Wittenberge 76 m³. In den Haushalten wurden 6 300 Gasmesser genutzt. Für 1927 ist bekannt, daß in unserer Stadt 360 Gas-Straßenlaternen und inzwischen 7 000 Gasmesser in Betrieb waren. Die Gaserzeugung betrug rd. 3,1 Millionen m³. Bei einer Einwohnerzahl von etwa 26 500 ergab sich ein Gasverbrauch je Kopf der Bevölkerung von nunmehr 116 m³ .Damit nahm Wittenberge im Prokopfverbrauch an Stadtgas den dritten Platz aller brandenburgischen Städte ein. Alle bei der Gasfabrikation anfallenden Nebenprodukte wurden restlos verwertet. Die Ferngasversorgungsleitung vom Gaswerk Wittenberge zu den Städten Seehausen und Arendsee, einschließlich umliegender Gemeinden, wurde 1928 aufgenommen.

Abb. 97 Das Städtische Gaswerk um 1938

1946 waren im Gaswerk noch 96 Arbeitskräfte beschäftigt. als 1968 die Stadt an das Ferngasverbundnetz angeschlossen war, wurde am 31. Juli 1972 die Gasanstalt an der Rathausstraße (früher Schützenstraße 24) stillgelegt.

Ein weiterer städtischer Betrieb, das **Schlachthaus** an der Lenzener Straße, wurde laut Magistratsbeschluss vom 25. April 1890 schon am 02. Januar 1892 in Betrieb genommen.[382] Seine Baukosten hatten ca. 136 000 Mark betragen. Ende September 1892 wurde eine Kühlanlage ergänzt. Damals wurden im Jahr 7 425 Schlachtungen vorgenommen.[383] Hiesige Fleischer, die ihr eigenes Schlachthaus damals nicht benutzten, sondern nur das städtische, erhielten 5 300 M als Prämie. 1898 hatte das Schlachthaus drei Beschäftigte. Im Juli 1907 wurde eine neue

Kühlanlage eingebaut. Am 05. August 1993 begannen die Abbrucharbeiten am schon jahrelang nicht mehr genutzten Wittenberger Schlachthof.

Abb. 98   Der Städtische Schlachthof

Heute ist es eine Selbstverständlichkeit, daß wir unser täglich benötigtes, lebensnotwendiges Wasser durch eine einfache Bedienung eines Hahnes oder Hebels aus der Wasserleitung entnehmen. Dabei machen wir uns im allgemeinen keine Gedanken über die Herkunft des kühlen Nasses, es sei denn, aktuelle Sparzwänge veranlassen uns dazu. Vor hundert Jahren war das noch anders. Den täglichen Wasserbedarf gewannen die Bürger aus öffentlichen oder privaten Brunnen, später dann mit Hilfe handbetriebener Wasserpumpen auf den Grundstücken.

Am 02. März 1900 verfügte der Regierungspräsident die Durchführung einer planmäßigen Entwässerung und **Errichtung eines Wasserwerkes für Wittenberge**[384]. Bald nahm eine Kommission Verhandlungen mit Fachleuten zur Suche nach einem geeigneten Standort des Werkes und zur Durchführung von Probebohrungen auf. An der Parkstraße entstand das Wasserwerk. Bei den Bohrungen fand man in 73,4 m Tiefe eine 6,5 m mächtige Braunkohlenschicht. 16 Tage und Nächte wurden das Wasser abgepumpt, wobei eine gute Wasserqualität von mäßiger Härte festgestellt wurde, so dass das Wasser auch nach bakteriologischer Untersuchung als Wasch- und Trinkwasser gut geeignet erschien.

Am 14. April 1903 erfolgte die landespolizeiliche Genehmigung zum Bau des Wasserwerkes in Wittenberge. Die Kosten für alle Vorarbeiten, einschl. der Bohrungen, hatten 15 071,34 Mark betragen, nun wurde eine Anleihe von 500 000 Mark bewilligt. Die Baumaßnahmen, an denen örtliche Betriebe wie zahlreiche auswärtige Spezialbetriebe beteiligt waren, begannen. Am 19. August 1903 wurden die ersten gusseisernen Straßenrohrleitungen verlegt. Die Maurerarbeiten am 41,3 m hohen Wasserturm dauerten vom 21.09. bis 21.12. desselben Jahres. Der Wasserturm stand damals noch auf einem unbewaldeten Hügel. Er wurde zu einem Wahrzeichen der Stadt und konnte über 112 Stufen bis zu einer

Aussichtsplattform für 10 Pfg. sogar bestiegen werden. Ende März 1904 begann der Bau des Maschinenhauses und einer Enteisenungsanlage und bereits am 15.09. konnte die Versorgung der Stadt mit Trinkwasser nach und nach beginnen.

Abb. 99 Der Wasserturm um 1913

Die Wassergewinnungsstelle lag 24,55 m über NN. Das Grundwasser wurde aus sechs etwa 25 m tiefen Rohrbrunnen gefördert, die in Abständen von je etwa 5 m voneinander standen. Etwa 12 m unter Flur trat das Wasser in die sechs Tiefbrunnen ein. Das Rohwasser der Tiefbrunnen gelangte in einen gut verschlossenen kleinen Sammelbehälter, rieselte über vier Tonkaskaden und gelangte dann in eine automatische Schnellfilteranlage mit einer Maximal-Stundenleistung von 300 m³. Das Reinwasser wurde schließlich in den in unmittelbarer Nähe errichteten Wasserturm von 500 m³ Inhalt gepumpt, von wo es durch ein ca. 38 km langes Leitungsnetz den einzelnen Gebrauchsstellen zufloss. Als Hausanschlüsse dienten Bleirohre. Zur Hebung des Wassers wurden zwei doppelwirkende Kolbenpumpen mit einer Stundenleistung von 100 m³ und 1 Kreiselpumpe mit einer Stundenleistung von 150 m³, die durch Gasmotore angetrieben wurden, verwandt. 1909 wurde in den städtischen Anlagen neben der „Jahnhöhe" ein Teich zur Aufnahme des Spülwassers von der Kieswäsche des Werkes gebaut. Der Jahresgewinn des Wasserwerkes betrug im Jahre 1913 ca. 30 000 Mark. 1927 betrug die größte tägliche Wasserabgabe 3 800 m³, während die durchschnittliche tägliche Abgabe 3 000 m³ ausmachte, so daß pro Kopf der Bevölkerung täglich etwa 115 Liter abgegeben wurden. 1800 Wassermesser waren in der Stadt aufgestellt. Der Preis für 1 m³ Wasser betrug 25 Pfg. Die Kosten des Wasserwerkes wurden mit insgesamt etwa 400 000 Mark beziffert.

Am 14. Februar 1956 begannen Vorbereitungsarbeiten zum Bau eines neuen Wasserwerkes an der Bentwischer Chaussee. Dorthin wurde die Wasserversorgungsanlage für unsere Stadt im Jahre 1959 verlegt. Im November 1972 und im Dezember 1984 entstanden durch Stürme erhebliche Schäden am Wasserturm. 1984 wurde der Turm stillgelegt.

Abb. 100   Das ehemalige Elektrizitätswerk

In einer Bürgerversammlung am 02. Juli 1907 wurde die Erbauung eines **Elektrizitätswerkes**[385] für die Stadt angeregt. Der Beschluss zur Erbauung auf der sog. „Holzstrecke" wurde am 20.08.1911 gefasst. Fertiggestellt wurde die Einrichtung im Februar 1911, in Betrieb genommen im Herbst desselben Jahres. Das E-Werk wurde 1922 an den Kreis Westprignitz verpachtet. In den Jahren 1923 und 1924/25 wurden technische Erweiterungen vorgenommen. Für 1925 rechnete man mit einem Verbrauch von 3,5 Millionen Kilowattstunden.[386] Nachdem 1927 vom Wittenberger E-Werk sechs Städte, etwa 156 Gemeinden und 60 Güter mit elektrischer Energie versorgt wurden, stimmte die Stadtverordnetenversammlung am 27.02.1930 einer Weiterverpachtung des Werkes an die "Märkische Elektrizitätswerke AG" (MEW) einstimmig zu. Seit längerer Zeit ist diese Stätte der Energieerzeugung außer Betrieb.

Abb. 101   Das Müllstationsgebäude (1913)

Wohin mit dem Hausmüll? Das fragten sich die Wittenberger Stadtväter auch schon zu Beginn dieses Jahrhunderts. Obwohl damals der Hausmüll wesentlich nur aus der Asche der Herde und Kachelöfen der Einwohner bestand, denn die Verpackung der von den Bürgern gekauften Waren war für heutige Verhältnisse fast unvorstellbar sparsam. Die Trinkmilch holten die Hausfrauen in blechernen Milchkannen oder irdenen Milchtöpfen im Milchgeschäft, das seine Milch wiederum in den üblichen großen 20-Liter-Kannen angeliefert bekam. Auch das

125

Bier für den Hausgebrauch wurde nicht selten in Kannen und Krügen aus den vielen Gaststätten bezogen. In der warmen Jahreszeit, kam aber auch der „Braunbierwagen", von Pferden gezogen, regelmäßig, kündigte sich durch Klingelzeichen und Ausrufen in den Straßen an, und dann liefen die Bewohner herbei, um das erfrischende Getränk direkt am Wagen aus dem Fass abgefüllt zu kaufen. Auch einige Spirituosen, wie z.b. Rum, wurden im „Kaufmannsladen" oder in einer der über 60 Gastwirtschaften der Stadt oft lose, eventuell viertelliterweise eingekauft.

Plasteverpackungen, Folien und metallbeschichtetes Einwickelpapier, etwa für Butter oder Margarine, gab es noch gar nicht. Das benötigte Petroleum für die in jedem Haushalt unentbehrliche Petroleumlampe wurde ebenfalls in einer eigens dafür vorgesehenen Petroleumkanne eingekauft und im Haushalt aufbewahrt. So ist erklärlich, daß die Verpackungsmittel der im Haushalt hauptsächlich benötigten Waren zumeist aus Papier bestanden, und das wurde zum Feueranzünden in Kachelöfen und Herden benutzt. Küchenabfälle wurden zum großen Teil an die von vielen Familien gehaltenen Haustiere verfüttert.[387] Oft holten solche Kleintierhalter Küchenabfälle bei ihren Nachbarn ab. Und Brotreste wurden von den Hausfrauen grundsätzlich gesammelt, um daraus eines Tages eine Brotsuppe als Mittagsmahlzeit zuzubereiten. Die in den Haushalten anfallende Asche bestand übrigens auch zu einem sehr großen Teil aus Holzasche, da zu jener Zeit die Verfeuerung von Abfall- und Sammelholz einen relativ hohen Anteil an den Brennmaterialien hatte.

In einer Broschüre[388] ist zu lesen: *„Bis zum l. Dezember 1913 war die Müllbeseitigung in Wittenberge dahin geregelt, dass auf jedem Grundstück eine Müllgrube vorhanden sein musste, für deren regelmäßige Entleerung der Grundstückseigentümer zu sorgen hatte. Die auf diesem Gebiete bestehenden großen Missstände veranlassten den Magistrat, die Beseitigung des Hausmülls durch Errichtung einer städtischen **Müllabfuhranstalt** nach dem Wechseltonnen-System hygienisch einwandfrei zu gestalten.*

Durch Ortsgesetz vom 28.8.1913 wurde die Müllabfuhr auf die Stadtgemeinde übernommen und der obligatorische Anschluss für alle Hausgrundstücke des Stadtbezirks mit Ausnahme der Kolonie des Bau- und Sparvereins (für welche eine Müllabfuhr auf genossenschaftlicher Grundlage bereits bestand und mit Ausnahme einiger Ausbauten eingeführt. Der Anschlusszwang stellt die Müllabfuhranstalt auf eine so breite Basis, dass bei entsprechender Gestaltung des Gebührenwesens die Wirtschaftlichkeit der Einrichtung sichergestellt ist. ..... Von der Stadt sind zur Aufbewahrung des Mülls 2400 Behälter aus aluminiumverzinktem Eisenblech mit Stechdeckel beschafft worden. Ein Gefäß fasst rund 110 Liter. ....."

„Die Abfuhr der Müllgefäße erfolgt mittels eigener Gespanne auf zwei besonders konstruierten Plateauwagen. Jeder dieser Magen fasst 48 Gefäße und wird

126

von zwei Arbeitern (Kutscher und Mitfahrer) begleitet, die das Auswechseln der Behälter ausführen." „*An der Wilsnacker Chaussee ist ein einfaches Betriebsgebäude (Müllstation) errichtet, in welchem die Entleerung und Reinigung der Gefäße vorgenommen wird."* „*Die Kosten der Einrichtung (Baulichkeiten mit Maschinerie, Geräte, Behälter, Wagen und vier Pferde) betragen zusammen rund 110 000 M."* ....„*Für die Müllabfuhranstalt wurden vier Pferde (Belgier) beschafft und im städtischen Marstall, der zugleich der Straßenreinigungsanstalt und dem städtischen Fuhrwesen dient, untergebracht. Diese Gespanne werden bei nicht voller Beschäftigung für andere städtische Fuhren herangezogen. Das Personal der Müllabfuhranstalt besteht aus Straßenmeister, 4 Arbeitern in der Aufbereitungsanstalt (Müllstation) und 5 Arbeitern (2 Kutscher, 2 Mitfahrer und 1 Reservemann), die das Auswechseln der Behälter besorgen. ......"*

Abb. 102   Plateauwagen der Müllabfuhr

Diese Einrichtung war dringend notwendig geworden, weil um die Jahrhundertwende in Wittenberge[389] zahlreiche neue mehrgeschossige Miethäuser gebaut worden waren. Der dadurch bedingte Anfall von Hausmüll war sprunghaft gestiegen und zum ernsthaften Problem für die Stadt geworden. Im Jahre 1918 wurden 93 200 Entleerungen von Mülltonnen (mit anschließender Reinigung) durchgeführt, also 9227 m³ Müll entsorgt. Im Rechnungsjahr 1919 waren 1376 Grundstücke an die Müllabfuhranstalt angeschlossen. Die Einwohnerzahl unserer Stadt betrug am 31.3.1919: nun 23 804 Einwohner.

Die Herausgeber der Broschüre, der damalige Erste Bürgermeister Dr. Bocksch und sein Stadtsekretär Müller, stellten nicht ohne Stolz fest: „Die Stadt Wittenberge dürfte durch die Errichtung der Müllabfuhranstalt eine für die Volksgesundheit vorbildliche Einrichtung getroffen haben."

9.5. Entwicklung des städtischen Schulwesen

Die Bevölkerungszunahme in der Stadt hatte zwangsläufig Auswirkungen auf die Schulentwicklung in Wittenberge im dargestellten Zeitraum der Stadtentwicklung.

Zu Beginn des 19. Jahrhunderts bestand in dem Ackerbürgerstädtlein Wittenberge[390] -wie schon im 18. Jahrhundert - eine Elementarschule mit zwei Abteilungen.[391] Die erste Abteilung (die Knabenklasse) wurde vom Hilfsprediger, Rektor und Schullehrer Johann Joachim Gebhard Hahn unterrichtet. Er war hier in diesen Tätigkeiten schon seit 1791 beschäftigt und wurde 1804 für seine besonderen Verdienste um Stadt und Schule mit einer Medaille ausgezeichnet. 1310 wurde Hahn, der nun die Pfarrstelle in Bentwisch erhielt, durch seinen Nachfolger im Wittenberger Amt, Herrn Prediger Lach, abgelöst. Die Mädchenklasse unterrichtete seit 1773 Kantor Simon.

Recht informativ ist der Auszug aus einem Bericht über die inneren Schulverhältnisse[392] *„Da die Schulcommission zu Wittenberge in ihrem Jahresberichte 1812/13 bloß im allgemeinen den guten Zustand des Schulwesens daselbst vermeldet und ihre und der Gemeinde Zufriedenheit mit demselben versichert, ohne in eine bestimmte Charakteristik einzugehen, so möchten wir uns einstweilen auf folgende Bemerkungen beschränken:*

Obgleich die Stadt Wittenberge zwey Lehrer und zwey Abtheilungen von Schülern hat, so gewähret und leistet diese Schule doch nichts mehr, als was jede Landschule mit Einer Klasse mit Einem Lehrer auch leisten kann, weil nach der Fundamental-Anlage der Schule jede Abtheilung den Schülern nur einen einzigen Cursus machen kann und ein Fortrücken in einen höheren Cursus nicht stattfindet. Es ist diese Schule daher keinesfalls eine niedere Bürgerschule, was sie nach den Bedürfnissen des Ortes eigentlich seyn müßte. Wir rathen daher, die beyden jetzt ganz isoliert stehenden Elementarschulen in eine Schule von zwey Klassen zu verwandeln, so wie dies in mehreren kleineren Städten mit dem besten Erfolge geschehen ist.

Hierzu ist kein neuer Kostenaufwand, sondern nichts weiter erforderlich, als daß statt der Abtheilung der Schüler nach dem Geschlechte eine Klassifikation nach den Fähigkeiten und erworbenen Kenntnissen eingeführt, und dem einen Lehrer die untere und dem andern die obere Klasse der Schüler und Schülerinnen übergeben werde. Die Schulkommission wird beauftragt, diese Klassifikation, wenn nicht anderweitige uns nicht bekannte erhebliche Hindernisse im Wege stehen sogleich vorzunehmen. Vorlaufig kann sie diejenigen Kinder in die obere Klasse bringen, welche den Mechanismus des Lesens und Schreibens gefaßt und den Anfang im Rechnen gemacht haben.

Das Nähere über die Klassifikation und über die Anordnung des Unterrichts wird zu seiner Zeit in einer zu erwartenden algemeinen Instruktion vorgeschrie-

ben werden. *Es bleibt hierbei der Schulkommission überlassen, solche Anordnungen zu treffen, daß beyde Lehrer .in beiden Klassen Unterricht geben".*

Die religiös-sittliche Erziehung der Jugend wurde damals als die erste Aufgabe der Volksschule in Preußen angesehen.[393] Über den konkreten Unterrichtsinhalt an der Wittenberger Elementarschule am Beginn des 19. Jahrhunderts sind keine spezifischen Überlieferungen bekannt.

Mit der sich anbahnenden wirtschaftlichen Bedeutungszunahme war auch eine „Aufwertung der Wittenberger Schule" notwendig. Für das Jahr 1819 ist eine Dreiteilung der Wittenberger Schule nachweisbar. Sie gliederte sich in: Rektorklasse[394] mit 72 Knaben und Mädchen, Kantorklasse mit 107 Knaben und Mädchen sowie Küsterklasse mit 119 Schulkindern, in letzterer befanden sich die Schulanfänger.

Der sogenannte Rektor[395] war der erste, der leitende Lehrer. Gleichzeitig war er Hilfsprediger. Als solcher wartete er auf die Übertragung einer Pfarrstelle, nahm also seine Lehrertätigkeit nur vorübergehend wahr. Deshalb wechselten die Rektoren häufig.

Als Kantor war Johann Gottlob Ebers[396] 1818 nach Wittenberge in die Stelle des verstorbenen Kantors Werckner sen. gekommen. Er war der einzige der hiesigen Lehrer, der für den Lehrerberuf pädagogisch ausgebildet war. Ebers unterrichtete mehrere Jahrzehnte in Wittenberge und wurde für seine Tätigkeit wiederholt gelobt.

Trotz der Dringlichkeit der Anstellung eines dritten Lehrers in Wittenberge gab es hierbei mehrere Verzögerungen.[397] Der Magistrat stellte schließlich unter dem 15. Oktober 1821 fest: *„Mit der Annahme eines 3t Lehrers können wir uns, der Wichtigkeit der Sache wegen, nicht übereilen". Als dritter Lehrer wurde dann ab 1821 tatsächlich der Küster Friedrich Werckner tätig. Die Stadtverordnetenversammlung hatte für ihn beschlossen, er solle empfangen: „1. freie Wohnung, welche aus der Kirchenkasse gereicht wird; 2. Zwanzig Thaler (20 rthl) zur Heitzung der Schulstube; 3. Vier und zwanzig Thaler Zulage zu dem Schulgeld; 4. Zwölf Schfl Pachtkorn; 5. Außer den halben Langen Garten, ein Damm in der Schwartow. Die Burg Kasse muß ihm daher diese Factum in ¼ jährl. Raten reichen."*

Werckners Vater, Johann Friedrich Samuel Werckner, war in Wittenberge bereits vorher als Kantor tätig gewesen und hatte den Sohn *„privatim vorgebildet".* Aber das hatte anfänglich oftmals nicht zu guten Erfolgen geführt. Ein Bericht über *„Küsterfritz",* wie der junge Küster hier nur genannt wurde, bezeichnete ihn *„als ein ganz minderwertiges Subjekt",* ... *„das nicht einmal das dem mittleren Bürgerstande zukommende Maß sprachlicher und intellektueller Kultur besitze."* Aber in späteren Jahren wurde von diesem Küster Werckner gesagt, nachdem sich Schulinspektor und Kantor seiner intensiv angenommen hatten, *„daß er ein ganz besonders natürliches Lehrgeschick beim Unterricht der Kleinen zeigte."*

Zu dieser Zeit gehörte es in der Prignitz außer dem Recordieren zu Neujahr auch noch zu den vorweihnachtlichen Bräuchen daß der Lehrer mit einer Sängerschar aus seinen Schülern das „Umsingen"[398], veranstaltete. Für Lehrer und Schüler war das eine willkommene Gelegenheit, kleinere Geldbeträge[399] sowie begehrtes Naschwerk für die Kinder einzusammeln.

Für die hiesige Schule existierte zu dieser Zeit noch kein spezifischer Lehrplan. Die Unterrichtszeit lag mit etwa drei Stunden am Vormittag und zwei bis drei Stunden am Nachmittag.

Über die unvorstellbare Enge in den Klassenräumen am Ort und deren dürftige Ausstattung mit Tischen, Bänken und Unterrichtsmitteln gibt es detaillierte Angaben, welche Schlüsse auf ein völlig unzureichendes Unterrichtsgeschehen zulassen. Die Rektorklasse und die Kantorklasse befanden sich im eigentlichen Schulhause am Kirchplatz (Markt), und zwar im Erdgeschoss des Fachwerkhauses. Im Obergeschoss darüber lagen die Wohnungen der Lehrer. Der Klassenraum der Rektorklasse maß 352 Quadratfuß (also etwa 6 x 6,5 m). Für die 72 Schüler darin standen 10 Bänke an vier „ganzen"[400] und zwei „halben" Tischen zur Verfügung. In der Kantorklasse[401] standen sieben Schulbänke[402] mit festen Tischen. Die Sitzbretter der Bänke waren etwa 1 Fuß breit. Auf jedes Kind kam eine Sitzbreite von ca. 1 Fuß. Wie sollte hier wohl ein erfolgreicher Schreibunterricht durchgeführt werden können?

Die Küsterklasse war in einem Bürgerhause untergebracht. In einem 240 Quadratfuß[403] großen Raum waren die 119 Kinder (!) eingepfercht. Ihnen standen neun lange und eine kurze Sitzbank zur Verfügung. Tisch oder Pult hatten nur die wenigsten Schulkinder vor sich. Lediglich ein langer Tisch war außer dem Podium mit Lehrerpult im Klassenraum vorhanden. Bei diesen räumlichen Verhältnissen muss man es wohl als die Unterrichtsführung sehr begünstigend ansehen, daß immer nur ein Teil der schulpflichtigen Kinder zum Unterricht anwesend war, während oft die Hälfte aller Schüler von den Eltern zu häuslichen und landwirtschaftlichen Beschäftigungen zurückgehalten wurde, namentlich in den Sommermonaten.

Die recht umfangreichen Schulversäumnisse gaben ständig Anlass zu Beschwerden durch die Lehrer und den Schulinspektor. Die Lehrer sollten die Schulversäumnisse monatlich dem Magistrat anzeigen. Der Bürgermeister selbst prüfte dann diese Anzeigen und lud anschließend die Eltern vor. In jedem einzelnen Fall wurde ein langes Protokoll aufgesetzt. Wirtschaftliche Notwendigkeiten[404] waren häufig die Begründung der Eltern dafür, daß sie ihre Kinder von der Schule fernhielten. Ausgesprochene Verwarnungen oder Geldstrafen, die meist ohnehin nicht bezahlt wurden, schufen kaum Abhilfe. Oft wurden die Versäumnislisten auch dem Kreisschulinspektor oder gar dem Landrat weitergegeben. Aber auch diese umständlichen Verwaltungsprozeduren änderten am Zustand nichts.

Nachdem Michaelis 1824 Rektor Oschatz aus der Wittenberger Schule ausgeschieden war, wurde als „Rector und Nachmittagsprediger" Johann Heinrich Wilhelm Tewaag hier tätig. Er versah dies Amt bis Juni 1831, dann wurde er als Prediger nach Seedorf berufen.

1834 wurde auf dem Grundstück Kirchplatz 2 von Zimmermeister Barth ein neues Schulhaus mit der Front zur Burgstraße errichtet. Für 1847 ist bekannt, dass jetzt eine sog. „Große Schule" mit vier Klassen[405] und eine „Kleinschule" mit den Abteilungen A und B [406]bestand. Die älteren Schüler der „Großen Schule" wurden getrennt nach Geschlechtern unterrichtet, während dort zwei Klassen und die beiden Abteilungen der „Kleinschule" für Jungen und Mädchen gemeinsam unterrichtet wurden. Die Frequenzen der beiden Abteilungen betrugen 87 bzw. 71 Kinder. Insgesamt nahmen also 509 Mädchen und Jungen in Wittenberge am Schulunterricht teil. Das Schulgeld betrug einheitlich monatlich 4 sgr[407] je Schüler. Ab Michaelis 1852 war die Höhe des Schulgeldes dann differenziert: in den drei Knabenklassen der „Großen Schule" waren monatlich 5 sgr, in den drei Mädchen Klassen und zwei Elementarklassen dieser Schule je 4 sgr zu entrichten, während für die Schülerinnen und Schüler der „Kleinschule" 3 sgr monatlich zu zahlen waren.

Am 01. Januar 1863 gab es in Wittenberge insgesamt 1 051 Schüler, davon waren 97 Freischüler, deren Eltern von der Schulgeldzahlung befreit waren.[408]

1863-66 ist von einer **5-stufigen 8-Klassen-Schule (Oberschule)**[409], einer **dreistufigen 6-Klassen-Schule (Mittelschule, Unterschule)**[410] und einer **dreistufigen 4-Klassen-Schule (Kleinschule oder Armenschule)** die Rede. Es handelte sich aber insgesamt nur um eine einzige Schule, die wie genannt gegliedert war und von Rektor Otto Horn geleitet wurde.

Zu Ostern 1867 fand die durchgängige Trennung der Geschlechter in der Schule statt. Dem Rektor Frohne wurde die Leitung. sämtlicher Schulen übertragen. Die in der Stadt vorhandenen Räumlichkeiten der Schulen reichte nicht mehr aus. Deshalb schloss die Stadtverwaltung am 23.09.1869 einen Contract mit der Großherzoglichen Mecklenburgischen Regierung zum Ankauf des Gebäudes des ehem. Kgl. Elb-Zollkommissariats[411], Herzstraße 1, für Schulzwecke ab. Kaufpreis: 4 000 Taler.[412]

Am 24.11.1869 war die Einweihung des neuen Schulhauses in der Chausseestraße 23.[413]

Ab 01.04.1870 löste Wilhelm Voigt[414] den Rektor Frohne ab. Es gab jetzt:

Volksschule A (Mittelschule):   333 Knaben in 5 Klassen,
311 Mädchen in 5 Klassen

Volksschule B (Kleinschule)   187 Knaben in 2 Klassen;
176 Mädchen in 2 Klassen

Höhere Knabenschule   162 Knaben in 5 Klassen,
Höhere Töchterschule   110 Mädchen in 4 Klassen.

Ab 1873 wird die Höhere Knabenschule Knaben-Mittelschule (5stufig, 188 Schüler) und die Höhere Mädchenschule wird Mädchen-Mittelschule[415] Von 1878, an wird **Rektor Ernst Ludwig Haase** als Rektor der Mädchenschulen eingestellt.[416]

Die Schulstruktur von 1878 in Wittenberge weist nun folgende Einrichtungen aus:

Knaben-Mittelschule	182 Schüler in 6 Klassen
Mädchen-Mittelschule	110 Schülerinnen
Knaben-Bürgerschule (A)	403 Knaben in 6 Klassen
Volksschule B	126 Schüler in 2 Klassen

Abb. 103   VI. Klasse der Knaben-Mittel-Schule, Ostern 1884

Mit den weiter wachsenden Einwohnerzahlen wuchs ständig auch der Bedarf an schulischen Einrichtungen in unserer Stadt. Im Jahre 1884 wurde deshalb am Schulplatz 5 ein neues Mädchenschulhaus gebaut und im Jahre 1895 auf dem Grundstück Scheunenstraße 13 ein neues Knabenschulhaus eingeweiht. 1906 wurde in den beiden Bürgerschulen, wie sich die Volksschulen in Wittenberge um diese Zeit nannten, mit der Einführung eines 7-stufigen Systems begonnen. Die Einweihung eines weiteren neuen Schulhauses erfolgte 1907 an der Johannes-Runge-Straße, später **„Friedrich-Ludwig-Jahn-Schule"** genannt.

Abb. 104 „Friedrich-Ludwig-Jahn-Schule" um 1910

Schon 1857 wurde in Wittenberge eine zunächst private **„Katholische Volks-schule"** gegründet, die 1868 in eine „öffentliche Volksschule" umgewandelt, 1896 in den städtischen Etat übernommen wurde und bis zu ihrer Auflösung am 06. Mai 1939 bestand.

Abb. 105 Realschulgebäude um 1910

Ein örtliches Komitee warb 1894 in der Stadt dafür, eine sechsstufige „lateinlose Realschule" zu errichten, deren Abschlussexamen die Berechtigung zum einjäh-rig-freiwilligen Militärdienst und zum Eintritt in die unteren Beamtenlaufbahnen ermöglichte. Ein fakultativer Lateinunterricht sollte Voraussetzungen für den Besuch höherer Lehranstalten schaffen. Am 17. April 1895 fand die feierliche Eröffnung der **„Privat-Realschule Wittenberge"** statt. 65 Schüler[417] ihrer Sexta und Quinta wurden in einem Privathaus in der Bürgerstraße 12 unterrichtet. Schließlich wurde diese Schule 1898 in städtische Verwaltung übernommen. Im Jahre 1900 konnte diese Schule, nun auch vom Provinzial-Schulkollegium als öffentliche Schule anerkannt, ihr neuerbautes Schulgebäude beziehen, das noch heute ein bauliches Schmuckstück unserer Stadt ist. Das Schulhaus am Rathaus wurde 1916 für die Mädchen der höheren Schule, des „Lyzeums", errichtet.

Abb. 106 Das ehem. Schulgebäude
(Bad Wilsnacker Straße 2)

1911 wurde in Wittenberge eine **Hilfsschule** für schwachbefähigte Kinder eingerichtet. Sie wurde für viele Jahre im ehemaligen Wohnhaus der Beamten des früheren vereinigten Elbzollamtes in der Bad Wilsnacker Straße 2 untergebracht. Heute befindet sich als Nachfolgerin der „Pestalozzi"-Hilfsschule die **Förderschule für Lernbehinderte** in der Bahnstraße 99.

Auch der Entwicklungsweg von der einstigen „**Sonntagsschule**" zur Fortbildung für schulentlassene Jugendliche, über die fakultativen handwerklichen und kaufmännischen **Fortbildungsschulen**, der staatlichen Handels- bzw. Oberhandelsschule bis hin zu den kommunalen wie betrieblichen **Berufsschulen** und dem heute in Wittenberge bestehenden modernen „**Oberstufenzentrum**" kann hier nur kurz angedeutet werden und ist nicht als eine Unterschätzung dieser Bildungseinrichtungen zu verstehen

In den zwölf Jahren der Herrschaft des Nationalsozialismus (1933-1945) entstand in Wittenberge nicht ein einziges Schulgebäude neu.

Nach Beendigung des Zweiten Weltkrieges erließ die Sowjetische Militäradministration am 25.08.1945 in ihrer Besatzungszone den Befehl Nr. 40, Anordnung über den Schulbeginn und die Säuberung von Schule und Lehrerschaft von faschistischen Einflüssen.

Das neue Schuljahr 1945/46 (01.10.45 bis 25.07.46) brachte für den Schulbetrieb folgende Ereignisse: Im Schulhaus Bahnstraße 99 lief vom 08.10.-12.1945 der erste Neulehrer-Kursus. Die Kursusteilnehmer hospitierten hier in einigen ausgelagerten Klassen der Grundschule vom Schulplatz 5, wo am 01.10.1945 die Wiedereröffnung des Unterrichts durch Feierstunde begonnen hatte.[418] Das Schulhaus in der Scheunenstraße 13 war wegen des Defektes der Heizung noch nicht gleich benutzbar. Das große Schulhaus Johannes-Runge-Straße diente zum Teil noch als Flüchtlingsunterkunft .und konnte deshalb für Schulzwecke zunächst noch nicht genutzt werden. Erst ab 1946 befanden sich hier einige ausgelagerte Klassen der Grundschule.

Das Schulhaus am Rathaus wurde bis 1949 durch die Sowjetische Kommandantur und anschließend durch eine Polizeischule der Volkspolizei genutzt. Im Schulhaus in der heutigen Ernst-Thälmann-Str. 1 war am 03.10.45 Unterrichtsbeginn.[419] In den hier unterrichteten Klassen der Mittelstufe nahmen ab Mitte Dezember 1945 einige Teilnehmer des ersten Neulehrerkursus ihren Unterricht auf. Russisch wurde als 2. Fremdsprache gelehrt.

9.6. Die Stadtverwaltung

Nach dem vernichtenden Stadtbrand von 1757 scheint das erste wirkliche **Rathaus** um 1760 auf dem Kirchplatz entstanden zu sein. Es handelte sich um ein Gebäude *„aus Eichenfachwerk mit kleinem Holzturm"*[420], den eine Wetterfahne schmückte, wie Stadtsekretär Scheel später niederschrieb.[421] Seit 1849 war darin auch ein Schulraum untergebracht. Als die neue, jetzige evangelische Kirche erbaut werden sollte, mußte der Baufreiheit hierfür auch das Rathaus weichen. Es wurde abgerissen.

Weil schon um die zweite Hälfte des 19. Jahrhunderts die Stadt an Größe und Einwohnerzahl erheblich zunahm, reichte das alte Rathaus ohnehin für die Unterbringung der ebenfalls wachsenden Stadtverwaltung nicht mehr aus. Deshalb kaufte die Stadt mit Kontrakt vom 25. April 1849 das Wohngrundstück des Königlichen Kreisgerichtsdirektors Peter August Baath in der Steinstraße 40 für 3.500 Taler. Im Erdgeschoss wurde darin ein *„Paßbureau, ein Polizeigefängnis und eine Wohnung für den Gefangenenwärter"* eingerichtet, während sich im Obergeschoss das Gericht und die Wohnung des Richters Assessor Friedländer befanden. Der dazu erforderliche Umbau kostete 253 Taler und 5 Schillinge. Im Jahre 1876 ist das Grundstück Steinstraße 40 in öffentlicher Versteigerung für 12.200 Mark an den Handschuhmacher August Rohde veräußert worden.

Bereits im März 1860 hatte die damalige Stadtverwaltung unter Bürgermeister Christian Heinrich Seeger das 1850 erbaute, dem Zimmermeister Ehrhardt gehörige Haus in der Steinstraße 47 für 4 100 Taler erworben. Bis dahin hatte ein Bürger Wilke hierin eine Schankwirtschaft betrieben. Nach gründlichem Umbau des Gebäudes zog am 01. Oktober 1860 die Wittenberger Stadtverwaltung hier ein. Sie etablierte sich zunächst bescheiden mit ihrer Polzei- und Kommunalverwaltung in der unteren Etage, während das Obergeschoss vermietet wurde. Erst nach weiterer Stadtentwicklung unter Bürgermeister August Jahn wurde ab Herbst 1880 im Obergeschoss ein Stadtverordneten-Sitzungssaal und ein Kommissionssitzungs- und Beratungszimmer eingerichtet. Übrigens erhielt dies „Stadthaus" im Jahre 1889 die erste elektrische Klingel in Wittenberge.

Doch auch dieses Rathaus hielt den wachsenden Bedürfnissen nicht stand. Nach der Jahrhundertwende verlagerte man nacheinander Teile der Verwaltung in benachbarte Gebäude. So wurde zunächst die Städtische Sparkasse umquartiert, das Stadtbauamt erhielt Räumlichkeiten in einem früheren Schulgebäude[422], das Standesamt fand 1912 Unterkunft in der ehemaligen „Warmbadeanstalt"[423] und für die Polizeiverwaltung wurde 1907 ein „Polizeibureau"[424] im Hause Steinstraße 43 eingerichtet.

Abb. 107 Das neue Rathaus im Bau (um 1912)

Im Jahre 1903 beschäftigte sich der Magistrat zum ersten Mal mit der Frage eines Rathausneubaues. Aber es sollte noch Jahre dauern, bis aus 13 Vorschlägen für Bauplätze endlich der Kauf der restlichen Flächen der 33er Bürgerschaft auf dem „Schmalstückengelände", dem heutigen Standort des Rathauses, getätigt wurde. Erst am 27. April 1911, bald nach Dienstantritt des Bürgermeisters Dr. Hugo Bocksch, war die Bauplatzfrage endgültig entschieden.[425] Am 11. Mai 1912 wurde unter großer Anteilnahme der Wittenberger Bevölkerung der Grundstein für das neue Rathaus gelegt. Nach Bauplänen von Stadtbaumeister Friede Everhard Bruns und Detailplänen des Schweriner Architekten Mußfeldt wurde das noch heute imposante Bauwerk errichtet. Schon am 25. und 26. Juni 1914, kurz vor Ausbruch des Ersten Weltkrieges, fanden die Einweihungsfeierlichkeiten statt. In diesem neuen Rathaus wurden damals sämtliche Dienststellen der Stadtverwaltung einschließlich der Städtischen Sparkasse untergebracht.[426] Der zur Rathauseinweihung erschienene Vertreter der Potsdamer Regierung, Oberregierungsrat von Gröning, nannte das Rathaus „*ein glänzendes Zeichen der fortschrittlichen Entwicklung der Stadt.*"

Abb. 108
Ausschnitt aus dem Glasfenster
im Großen Sitzungssaal des
Rathauses

Den repräsentativen Großen Sitzungssaal im zweiten Obergeschoss ziert ein fünfteiliges künstlerisch gestaltetes Glasfenster, welches das „Stadtschiff" symbolhaft darstellt, an dessen Steuer Bürgermeister Dr. Hugo Bocksch und Beigeordneter Kommerzienrat Johannes Runge in prachtvollen Roben postiert sind.[427] Das kleine Eheschließungszimmer des Standesamtes erhielt ebenfalls durch ein farbiges Glasfenster seine stimmungsvolle Note. Reiche Holzschnitzerei zieren die Sitzungsräume und einige Amtszimmer. Vom 51 Meter hohen Rathausturm hat man einen herrlichen Überblick auf die im Grünen liegende Stadt und nach Süden hin auf das Band des Elbstromes.

Abb. 109   Das Wittenberger Rathaus

So hatte die Elbestadt nun ein repräsentatives Rathaus, das ihrem Status als Industriestadt voll entsprach und auch für die neuen Aufgaben, die ab 1922 auf die nun kreisfreie Stadt, den **Stadtkreis Wittenberge**[428], als Verwaltungszentrum zukamen, gewachsen war.

10. Quellen – Literatur – Abbildungen

Meinen besonderen Dank möchte ich dem Stadtarchiv und dem Stadtmuseum „Alte Burg" Wittenberge, deren Leitern und Mitarbeitern, sagen, die mir das Quellenstudium in ihren Archiven ermöglichten.

Gleicher Dank gilt auch **Frau Rosemarie Heer** in Neuhäusel und **Frau Barbara Glassen**, Wittenberge, sowie **Herrn Heinz Naylor**, Bonn, für die Bereitstellung von Informationen und Fotos aus ihrem Privatbesitz zur Anreicherung des speziellen Wissens über ehemalige Betriebe in der Stadt Wittenberge.

10.1. Quellen und Literatur

1. 70 Jahre Schweißtechnik bei den Deutschen Eisenbahnen; (Broschüre)1993.
2. Adressbücher für Wittenberge, 1896 und 1908.
3. Amtsblatt der Regierung in Potsdam, Ausgabe C, Nr. 30 vom 29. Juli 1922, S. 299.
4. Auszug aus dem Bericht der „Geistlichen und. Schul-Deputation der Churmärk. Regierung" vom 08. Juni 1813.
5. Bekmann, Prof. Johann Christoph und Bernhard Ludwig: Historische Beschreibung der Chur und Mark Brandenburg; 2 Bände, 1751/52, Berlin. Fünfter Teil, II. Buch, VIII. Kap, III Wittenberge.
6. Bericht des Magistrats zu Wittenberge für 183/64, ...über die Verwaltung und den Stand der Gemeinde-Angelegenheiten pro 1. April 1887/1888 und Verwaltungsbericht für das Rechnungsjahr 1903.
7. Bericht über die Prüfung eines Brückenfeldes ..... von 1850, in Eisenbahn-Zeitung, Nr. 29 vom 21.07.1850f.
8. Beschluss des Regierungspräsidenten von Potsdam vom 11.4.1938.
9. Bley, Peter: „150 Jahre Eisenbahn Berlin-Hamburg.", Düsseldorf 1996.
10. Brandenburgisches Landeshauptarchiv Potsdam (BLHA)
11. Bremen, Erich von: Über die preußische Volksschule, 1905.
12. Busat, Volkward: „140 Jahre Wittenberger Handwerksbetrieb Metscher." Veröffentlicht vom Prignitzer Heimatverein Wittenberge e. V., 1998.
13. Cahsa-Buch des Mühlenmeister-Gewerkes Perleberg; begonnen 1822. Im Besitz der Kreisgeschäftsstelle der Handwerkskammer in Perleberg.
14. Codex diplomaticus Brandenburgensis, herausgegeben von Adolph Friedrich Riedel, Berlin 1838ff. (CDB)
15. Das Phrixbuch. Phrix-Gesellschaft m.b.H., Hamburg 1936.
16. Der Prignitzer, General-Anzeiger für die Prignitz und Altmark, Nr. 73 vom 27. März 1933 und Nr. 50 vom 28.2.1939.
17. Deutschlands Städtebau: WITTENBERGE, herausgegeben vom Magistrat der Stadt Wittenberge; bearbeitet von Stadtbaurat Bruns. „DARI" Deutscher Architektur- und Industrie-Verlag, Berlin-Halensee, 1922.
18. Die Müllabfuhr in Wittenberge (Westprignitz), herausgegeben von der Stadtverwaltung Wittenberge, 11., Oktober 1919.
19. Eichel, Hans Joachim/Muchow, Heinz/Rodegast, Günter: Chronik der Stadt Wittenberge. Im Auftrage der Stadtverwaltung Wittenberge erarbeitet. 1997.
20. Enders, Lieselott: Historisches Ortslexikon für Brandenburg, Teil I Prignitz; 1997.
21. Enders, Lieselott: Städtebuch Brandenburg und Berlin; Abschnitt: Wittenberge; 2000.
22. Erinnerungen aus dem Leben von Hans Viktor von Unruh", herausgegeben von Heinrich von Poschinger. Deutsche Verlagsanstalt Stuttgart/Leipzig/Berlin/Wien; 1895.
23. F. W. A. Bratring: Statistisch-topographische Beschreibung der gesammten Mark Brandenburg. Berlin 1804 bei Friedrich Maurer.

24. Fest-Zeitung anläßlich der Weihe des Rathauses in Wittenberge am 25. und 26. Juni 1914, herausgegeben vom „General-Anzeiger für die Prignitz und Altmark, Wittenberge".

25. Gans Edler Herr zu Putlitz-Barskewitz, Wolfgang: Familiengeschichte der Gans Edlen Herren zu Putlitz, 1929.

26. General-Anzeiger für die Prignitz und Altmark, Festnummer 1863-1913 vom 21. Januar 1913.

27. Giese, Hermann: Die Entwicklung des Eisenbahnknotenpunktes Wittenberge; veröffentlicht in „Unsere Heimat", 8/56, 10/56, 2-6/57 und 8-11/57.

28. Gottwald, Alfred: „Die Berlin-Hamburger Eisenbahn und ihre Bahnhöfe", in der Zeitschrift „Brandenburgische Denkmalpflege", 5/1996.

29. Grunick, Franz: Chronik der Kreis- und Garnisonsstadt Perleberg, 1939.

30. Handbuch der deutschen Aktiengesellschaften Bd. 3, S. 2141, sowie 1941, 46. Jg., Bd. 6, S. 6778/6779.

31. Herz, Ludwig, Amtsgerichtsrat in Graz: 500 Jahre Familiengeschichte, 1430-1930. Berlin 1934. [Masch.]

32. Heuer, Reinhard: Aus der Geschichte der Prignitz; Pritzwalk 1927.

33. Information von Nachfahren des Louis Krause (Frau Rosemarie Heer, Neuhäusel).

34. Jüngel, Karl: Schiffsmühlen, Bad Düben 1987.

35. Kaienburg, Hermann: Konzentrationslager Neuengamme 1938-1945. Herausgegeben von der KZ-Gedenkstätte Neuengamme. Verlag J.H.W. Dietz Nachfolger, 1997.

36. Kaienburg, Hermann: Zwangsarbeit für das „deutsche Rohstoffwunder". „Das Phrix-Werk Wittenberge im Zweiten Weltkrieg; 1999.

37. Kaufvertrag für Windmühlen einschl. Ländereien sowie Anerkennungsverhandlung vom 03.05.1876 zwischen der Wwe. Seefluth und dem Bürger Carl Minte, Wittenberge. [Masch.] (Im Besitz von Hans Minte, Wittenberge)

38. Kopial von 1570 - im Stadtarchiv Wittenberge.

39. Kreisblatt für die Westprignitz, Nr. 12 vom 11.01.1901 bzw. Nr. 238 vom 04.10.1901.

40. Kunst, Hans-Joachim: Moderne und konventionelle Formen in den Elbbrücken von Wittenberge und Dömitz. In: Hannoversches Wendland" 14. Jahresheft 1992/93; Lüchow 1994.

41. Kutschik, Dietrich/Sprang, Burghardt: Die Berlin-Hamburger Eisenbahn.

42. Leinemann, Dr.: „Die Schlachthöfe der brandenburgischen Städte", in „Brandenburg. Kultur und Arbeit der Städte in der Provinz Brandenburg"; 1929.

43. Lübeckische Blätter, 35. Jg. Nr. 3 vom 08.01.1893.

44. Magistratsbeschluss # 490/V/32.

45. Magistratssitzungsprotokolle, versch. Jahrgänge.

46. Muchow, Heinz: „"Gut naß!" war der Gruß der Wittenberger Delphin-Schwimmer". Veröffentlicht vom Prignitzer Heimatverein Wittenberge e. V.; 1991.

47. Muchow, Heinz: „Die Ölmühle zu Wittenberge – Einblicke in die wechselvolle Geschichte des ältesten Industriebetriebes der Stadt", 1997.

48. Muchow, Heinz: „Straßenverkehr über die alte Eisenbahnbrücke ....", in „Blätter zur Stadtgeschichte" Heft 4/1999, hg. Prignitzer Heimatverein Wittenberge e.V.

49. Muchow, Heinz: „Wie Wittenberge einst die „Stadt der Nähmaschinen" wurde; herausgegeben vom Prignitzer Heimatverein Wittenberge e. V.; 1999.

50. Muchow, Heinz: Als die erste Eisenbahnbrücke bei Wittenberge über die Elber gebaut wurde. herausgegeben vom Prignitzer Heimatverein Wittenberge e.V.; 2000.

51. Muchow, Heinz: Ein Mühlenbaumeister in Wittenberge – Erfinder der Eisenbahn-Windmühle; in „Blätter zur Stadtgeschichte", Heft 4/1997 des Prignitzer Heimatvereins Wittenberge e.V.

52. Muchow, Heinz: Mühlen in Wittenberge, 1991.

53. Muchow: Dr. Gerhard Sauer (1878-1963). (Faltblatt; 1994).

54. Müller, Heinz/Muchow, Heinz: Chronik der Schützengilde Wittenberge; hg. Prignitzer Heimatverein Wittenberge e.V.; 1994.

55. Naylor, Hans: „Erinnerungen ..."; o.J.

56. Nedwig, Paul: Erinnerungen an meine Tätigkeit als Bürgermeister. Kommunalpolitischer Verlag D. Meisinger, Neustadt a. d. Hardt; 1914.

57. Oppert, C. F.: Bericht des Comité zur Begründung eines Actien-Vereins für die Eisenbahn-Verbindung zwischen Berlin und Hamburg. Berlin, im Dezember 1842.
58. Peschke, W.: Das Mühlenwesen der Mark Brandenburg, Berlin 1937.
59. Petzold, Oswald: „Ratgeber für Müller" 3. Auflage 1913.
60. Phrixer unter sich, Werkzeitung für die Kurm. Zellwollefabrik, 2. Jg., Nr. 4; 1940.
61. Pottgießer, Hans: Eisenbahnbrücken aus zwei Jahrhunderten. Birkhäuser Verlag Basel – Boston – Stuttgart; o.J.
62. Reifezeugnis des Ratsgymnasiums zu Osnabrück für Karl Ludwig Roever zu Osnabrück. vom 21.03.1896.
63. Rodegast, Günter: „Das Zellstoff- und Zellwollewerk existiert nicht mehr." Veröffentlicht durch Prignitzer Heimatverein Wittenberge e. V.; 2000.
64. Rodegast, Günter: KZ-Außenlager Wittenberge; herausgegeben vom Prignitzer Heimatverein Wittenberge e.V., o.J.
65. Schroeder, Gertrud: „Alt Wittenberge – Von gestern und heute". Wittenberge 1930.
66. Schultze. Johannes: Die Prignitz. Aus der Geschichte einer märkischen Landschaft. Böhlau Verlag Köln/Graz; 1956.
67. Singer Werkfreund; 5/1929, 7/1931, 8/1933, 12/1933, 1934, 1/1937.
68. Stadtarchiv Wittenberge: versch. Archivalien und diverse Bauakten, Buch # B 727
69. Stadtmuseum „Alte Burg", Wittenberge
70. Stammtafeln der Familie Gans Edle Herren zu Putlitz, zusammengestellt von B. Ragotzky (Potsdam) und Ad. M. Hildebrandt (Berlin). Berlin 1887.
71. Tabellen und amtliche Nachrichten über den preußischen Staat für das Jahr 1849, herausgegeben vom statistischen Büro zu Berlin (1851-55).
72. Tautz, Martin: Eiserne Brücken in Deutschland im 19. Jahrhundert. Werner-Verlag G.m.b.H., Düsseldorf 1991.
73. Urkunde zur Grundsteinlegung der neuen Kirche vom 23.04.1870, veröffentlicht in „Intelligenz-Blatt" # 60 vom 27.07.1870.
74. Von Unruh/Benda: Mittheilungen über den Bau der Elbbrücke bei Wittenberge. In Zeitung für Bauwesen, Berlin, 4.1884.
75. Vossische Zeitung („Königlich privilegirte Berlinische Zeitung von Staats- und gelehrten Sachen"); 1840, 1846.
76. Wiglow, Dr. Hans: Chronik der Stadt Wittenberge, 1967. [Masch.]
77. Zeller, Otto: „Aus Wittenberges Vergangenheit", Band 1 und 2; 1932/1939.

10.2. Abbildungsnachweis

45	Hafenbrücke, links das neue Spinnereigebäude (nach 1928) (Archiv Muchow)
46	Werbeanzeige der Gebr. Krause
47	Geschäfts- und Wohnhaus der Firma Gebr. Krause, Perleberger Straße 34 (privat)
48	Louis Krause (privat)
49	Georg Krause (privat)
50	Margarethe Krause (privat)
51	Anzeige in einem Wittenberger Adressbuch
52	Werbeanzeige im Adressbuch der Stadt Wittenberge von 1935/36
53	Robert Krause (Foto: Lebrecht Schulze) (privat)
54	Villa an der Perleberger Straße 31 (privat)
55	Emil Wiglow (privat)
56	Wohnhaus in der früheren Chausseestraße (Foto: HM)
57	Zeitungsanzeige der Gebr. Tesmer
58	Hermann Tesmer (Stadtarchiv)
59	Verpackung der „Lilienmilch-Seife" (privat)
60	Werbeanzeige (Eduard Witte)
61	Briefkopf der Firma „Eduard Witte's Söhne" (Stadtarchiv)
62	Werbedrucke (Stadtarchiv)
63	Werbebild der Firma Schumann & Wille (in DARI-Broschüre von 1922)
64	Werbemarken zum Aufkleben (Schumann & Wille) (Stadtmuseum)
65	Kettendampfer auf der Elbe (Dia: Balkow)
66	Naturdenkmal „Wassereiche (Stadtmuseum)"
67	Wittenberger Elbhafen um 1913 (Ansichtskarte)
68	Kleine Fährstelle um 1910 (Ansichtskarte)
69	Dampfer und Kähne im Winterhafen um 1933 (SWF)
70	Isaac Merrit Singer (Repro: HM)
71	Georg Neidlinger (Repro: HM)
72	„Singer Co." im Bau (Archiv H. Muchow)
73	Der „Singer-Hafen" (Stadtarchiv)
74	Fabrikdirektor Wilhelm Starcke (Stadtmuseum)
75	So sahen die „Singer-Dollars" aus (SWF)
76	Singer Wasserturm, von Süden, im Bau 1928 (SWF)
77	Werbeanzeige (Singer)
78	Werbepoststempel „Stadt der Nähmaschinen" (SWF)
79	Organisationsplan der Singer Nähmaschinenfabrik (1937) (SWF)
80	Fabrikeingang 1938 (Singer) (SWF)
81	Singer-Werbeansichtskarte (um 1938) (Postkartenserie)
82	Singer-Lehrlingswerkstatt in den 30er Jahren (Postkartenserie)
83	Modell der Singer Heimstätten-Siedlung in Breese (SWF)
84	„Singer Werkfreund". Erstausgabe, 1929 (SWF)
85	Singer Kameradschaftsheim 1936 (Stadtmuseum)
86	Emblem der „Phrix-Betriebe" (Broschüre des Zellwollewerkes)
87	Viscosefabrik im Aufbau (Stadtmuseum)
88	Lageplan des Zellwollewerkes (Ausschnitt; Repro: HM)
89	Aufbau des Werkes (Kurmärkische Zellwolle und Zellstoff AG) (Stadtmuseum)
90	Die Strohlagerhalle (Stadtarchiv)
91	Betriebsleitung der Zellwollefabrik 1946 (Ausschnitt) (Stadtarchiv)
92	Carl Wilhelm Metscher (privat)
93	Werbeblatt der Firma Metscher (Foto: Heinz Muchow)
94	Stadtbaurat Friede Everhard Bruns (privat; Repro: HM)
95	Stadt Wittenberge 1895 (Reproduzierte Zeichnung von Ernst Peglau) Stadtmuseum)
96	Die alte Gasanstalt von 1875 (Dia: Balkow)
97	Das Städt, Gaswerk um 1938 (Broschüre von 1938)
98	Der Städt. Schlachthof (Dia: Balkow)

HM = Heinz Muchow
STA = Stadtarchiv
SWF = Singer Werkfreund

11. Anmerkungen zu den Kapiteln 1 bis 9

Anmerkungen zu Kapitel 1:

[1] Stammtafeln der Familie Gans Edle Herren zu Putlitz ..... Zusammengestellt von B. Ragotzky (Potsdam) und Ad. M. Hildebrandt (Berlin). Berlin 1887.

[2] Z.B. Bekmann....., Fünfter Teil, II. Buch, VIII. Kap, III Wittenberge; a.a.O.; Schultze. Johannes: Die Prignitz. a.a.O., S. 185/6. [a.a.O. = am andern Ort]

[3] Wittenberge, im Städtebuch Brandenburg und Berlin; 2000; (Enders, Lieselott).

[4] Bereits am 22. Juli 1300 hat Otto I. Gans die Rechte seiner Bürger in einer Urkunde bestätigt. (CDB, A I, S. 297) Danach gab es Urkunden mit ähnlichem Inhalt.

[5] Enders, Lieselott: Wittenberge, Nr. 9b in: Städtebuch.....; a.a.O. und Enders, Lieselott: Historisches Ortslexikon für Brandenburg, Teil I Prignitz; 1997; a.a.O.; S. 968, Nr. 6.

[6] Eine schriftliche Bestätigung der Gründung des Ortes ist nicht vorhanden. Die urkundliche Erstwähnung erfolgte im Jahre 1239 (CDB A I – a.a.O. - und Kopial von 1570 - im Stadtarchiv Wittenberge). Aussagen des Historiker Bekmann, a.a.O.; Eckart) lassen es wahrscheinlich erscheinen, dass eine Burg Wittenberge am „alten Übergang über die Elbe" (etwa dort, wo heute die Eisenbahnbrücke die Elbe überquert) schon im 9. Jahrhundert existierte.

[7] Zur Familie vgl. Gans Edler Herr zu Putlitz-Barskewitz, Wolfgang: Familiengeschichte der Gans Edlen Herren zu Putlitz, erschienen 1929 [Masch.]; Stammtafeln der Familie Gans .....; a.a.O.

[8] 47 ursprüngliche Bürgerstellen (2 Vollbürgerstellen für die Pfarre, 37 weitere Vollbürgerstellen und 16 infolge Erbteilungen entstandene Halbbürgerstellen; insgesamt also 94 Halbbürgerstellen = 47 Stellen). Lt. Adressbuch der Stadt von 1884 existierte zu dieser Zeit noch ein „Verein der 94er Bürgerschaft". Sein Vorsitzender war Simon Albrecht.

[9] Enders, Lieselott: Historisches Ortslexikon .....; S. 968, Nr. 7; a.a.O. Von Kitscher: * 12.12.1733 in der Neumark; † 23.07.1814 in Wittenberge, wird hier auf dem damaligen Friedhof an der Scheunenstraße (heute Schulhof) beigesetzt.

[10] Ebenda.

[11] „Im Jahre 1800 hatte Wittenberge: 5 Acciseschreiber, **38 Ackerbürger**, 1 Apotheker, 6 Armen (Erwerbslose, HM), 1 Barbier, 10 Bäcker, 2 Böttcher, 8 Branntweinbrenner, 5 Brauer, 1 Bürgermeister, 1 Kandidaten, 1 Kantor, 2 Drechsler, 2 Fuhrleute, 2 Fischer, 2 Fleischer, 2 Gastwirthe, 1 Glaser, 3 Feldhüter, 2 Hufschmiede, 2 Kaufleute, 1 Küster, 2 Leinweber, 2 Maurer, 1 Müller, 2 Nachtwächter, 4 Partikuliers (Rentiers, HM), 1 Perrükenmacher, 1 Prediger, 1 Salzfaktor, 1 Sattler, 1 Seiler, 14 Schiffknechte, 1 Schlosser, 9 Schneider, 16 Schuster, 2 Stellmacher, **26 Tagelöhner** (hier ebenfalls durch Fettdruck hervorgehoben, weil sie wahrscheinlich hauptsächlich in der Landwirtschaft tätig waren), 5 Tischler, 1 Töpfer, 1 Weißgerber, 1 Ziesemeister, 2 Zimmerleute, 3 Zollbedienten. (Wahrscheinlich hat Wittenberge auch noch einen Arzt, da ein solcher schon 1756 nachgewiesen wurde. HM). Der Weißgerber bereitete 1800 für 125 Rthlr Leder zu. Die Leinweber arbeiten für Lohn. Im Jahre 1800 hatte Wittenberge 4 Braustellen, 10 Branntweinblasen. ....." (F. W. A. Bratring: Statistisch-topographische Beschreibung der gesammten Mark Brandenburg. Berlin 1804).

[12] Auszug aus: F. W. A. Bratring: Statistisch-topographische Beschreibung ....., a.a.O., S. 415/416. 5 Schw. Steine = 1 Zentner (= 50 kg)

[13] „Tabellen und amtliche Nachrichten über den preußischen Staat für das Jahr 1849", herausgegeben vom statistischen Büro zu Berlin (1851-55).

[14] Muchow Heinz: Mühlen in Wittenberge, herausgegeben vom Prignitzer Heimatverein Wittenberge e. V., 1991.

[15] Markgraf Hermann versprach im Jahre 1307, im Gebiet der Stadt Wittenberge keine Mühlen zum Nachteil der Stadt Perleberg zu bauen und die Markgrafen Otto IV. und Waldemar gaben später das gleiche Versprechen ab. (CDB, A III, S. 351 und 352)

[16] Die Mühlengerechtigkeit war ein besonders verliehener Teil des allgemeinen Mühlenregals. Letzteres wurde erst am 28.10.1810 per Gesetz aufgehoben. (Peschke, W.: Das Mühlenwesen der Mark Brandenburg, Berlin 1937; S. 19/20)

[17] CDB, A I, S. 140.

[18] Enders: Städtebuch ....., S. 546, Nr. 6c; a.a.O..

[19] Wiglow, Dr. Hans: Chronik, S. 16 [Masch.]

[20] Bekmann, a.a.O., S. 355 und Stadtarchiv (Aufzeichnung des Magistrats vom 16. Mai 1857 „für die Chronik unserer Stadt")

[21] Gartenland nördlich des Wittenberger Elbdeiches (zwischen heutiger Quitzowstraße und ehem. Kläranstalt).

[22] Stadtarchiv 000035.

[23] Stadtarchiv 000006.

[24] Stadtarchiv, Schreiben des Magistrats vom 16. Mai 1857 „Zur Stadt-Chronik".

[25] Mit Mühlenmeister wurde ein Geschäftsführer oder auch Pächter des Mühlenherrn bezeichnet. Er verwaltete die Mühle und ihren Betrieb im Auftrage des Besitzers. (Peschke, a.a.O., S. 26)

[26] „Cahsa-Buch des Mühlenmeister-Gewerkes Perleberg; begonnen 1822. Im Besitz der Kreisgeschäftsstelle der Handwerkskammer in Perleberg.

[27] Später „Herrenwiesen" genannt; heute Gartenland nördlich der Maxim-Gorki-Straße.

[28] Seefluth ist als Besitzer einer Bockwindmühle (heutige Müllerstraße 13) und einer Holländer-Windmühle (östlich von der erstgenannten) auf einem „Situationsplan zum Kaufrezeß der Berlin-Hamburger Eisenbahn und mehreren Grundbesitzern zu Wittenberge" vom 12. April 1848 genannt.

[29] „Tabellen und amtliche Nachrichten .....", a.a.O.

[30] Früher Kreuzstücken

[31] Siehe reproduzierte Zeichnung von Ernst Peglau, 1895 (Stadtmuseum) und Foto von Dr. Hans Wiglow, 1902.

[32] Vertrag im Besitz von Hans Minte, Wittenberge (einschl. Anerkennungsverhandlung vom 03.05.1876).

[33] Wo sie auch heute (im Jahre 2000) noch steht, allerdings ohne ihre Flügel.

[34] Stadtarchiv, Bauakte zum Grundstück Lenzener Straße 53.

[35] Sie stand auf dem Mühlenberg an der Lenzener Straße, ihr letzter Inhaber war der Müller Paul Ohle († 1926).

[36] Siehe Kapitel 2.

[37] Ein hölzernes Wasserrad von 20 Fuß und zwei von 15 Fuß Durchmesser. (BLHA, IHG-Nr. 3191)

[38] Muchow, Heinz: Ölmühle ....; a.a.O.

[39] Befindet sich heute auf dem Gelände der ehemaligen Ölmühle.

[40] Enders, Ortslexikon, S. 969, Nr. 7.

[41] Stadtarchiv 000027.

[42] Besitzer Carl Schmidt. (Jüngel, Karl: Schiffsmühlen ...., Bad Düben 1987; S. 13, 83, 91f.)

[43] Der Mühlenexperte Oswald Petzold hat in seinem „Ratgeber für Müller" (3. Auflage 1913) eine Abbildung einer solchen Eisenbahn-Mühle veröffentlicht. Die sehr schwere Paltrockmühle ist an ihren Ecken mit je einer auf einer runden Schiene laufenden Rolle versehen und so leichter in den Wind zu drehen ist als mit einem Mühlenbaum. Da zu dieser Zeit Schienen nur aus dem Eisenbahnwesen bekannt waren, hat diese Mühle die Bezeichnung einer „Eisenbahn-Mühle" bekommen. (Siehe Aufsatz von Heinz Muchow dazu in „Blätter zur Stadtgeschichte", Heft 4/1997, des Prignitzer Heimatvereins Wittenberge e.V.)

Anmerkungen zu Kapitel 2:

[44] Der Familienname Herz war angenommen worden; ursprünglich war er Lewy (hebräisch Lew = Herz). Schon „am 10. Oktober 1820 hatte er von der Herzoglich Anhaltinischen Landesregierung gegen Erlegung des üblichen Schutzgeldes die Genehmigung zur Fortführung seines in keine Innung schlagenden Handelsgeschäftes ...“ erhalten. Er betrieb einen Getreidehandel. Er heiratete 1822 Louise Wolfs, Tochter des Bankiers Moses Wolfs aus Halle. Die Mitgift seiner Frau Louise war beträchtlich, sie betrug u.a. 2 500 Reichstaler in Gold, insgesamt sogar 4 100 Taler. Am 22. März 1823 wurde Salomon Herz als preußischer Staatsbürger naturalisiert, behielt aber seine Wohnung zunächst in Bernburg. Bereits am 25.01.1825 erhielt Herz den Bürgerbrief von Wittenberge und am 02. Juli 1827 wurde ihm laut Judenbürgerbuch das Bürgerrecht von Berlin verliehen. „Am 05. Januar 1855 wurde Salomon in das Ältestenkollegium der Berliner Kaufmannschaft gewählt. Um diese Zeit ernannte ihn die Stadt Cöthen bei seinem 50. Besuche des dortigen Saatmarktes zu ihrem Ehrenbürger.“ Er war Ehrenmitglied der Gesellschaft der jüdischen Handwerker und Künstler in Berlin. (Ludwig Herz, a.a.O.)[Masch.]

[45] Das „Comptoir“ dieser Gesellschaft befand sich zunächst noch in Berlin, von wo aus das Geschäft geleitet wurde. „Die Fahrt von Berlin nach Wittenberge dauerte mit Extrapost oder in eigener Kalesche etwa 14 Stunden, mit der Bahn nach Potsdam, von dort mit dem Dampfboot nicht viel weniger.“ (Ludwig Herz, a.a.O.)

[46] In einem Brief des Salomon Herz an die Königlich Preußische Regierung in Potsdam vom 25. Mai 1847 schrieb er: „Bis zum Jahre 1823 ließ ich auf fast allen Oelmühlen an der Saale von Calbe bis Merseburg Oel fabriciren. Bei der damaligen Unvollkommenheit der inländischen Mühlen (es wurden z.B. in der Oelmühle zu Pellberg bei Halle wöchentlich 8 bis 9 Wispel Rapssaat geschlagen, ein Quantum, welches dieselbe jetzt täglich verarbeitet) welche eine den Bedarf erreichende Production nicht zuließ, mußten indeß alljährlich zur Deckung des inländischen Consumes große Quantitäten Rüböel aus den Niederlanden und aus Hamburg bezogen werden. Deshalb entschloß ich mich im Jahre 1823 in Wittenberge eine große Oelmühle anzulegen. .....“ (Brandenburgisches Landeshauptarchiv, Potsdam, -BLHA-, IHG-Nr. 3191; a.a.O.)

[47] Raps gehört zu den wichtigsten Kulturpflanzen zur Ölgewinnung. Sein Ölgehalt liegt zwischen 42 und 43 %. Vor seiner Verarbeitung musste der Raps auf 6-8 % Wassergehalt heruntergetrocknet werden.

[48] Siehe Ludwig Herz, a.a.O.

[49] Siehe Otto Zeller; Band 2; a.a.O.; S. 17.

[50] Ebenda, S. 19

[51] Siehe Ludwig Herz: „...die Saateinkäufe, die persönlich getätigt wurden, erforderten viele Reisen bis nach England und Holland. In seinen jüngeren Jahren hatte sie Salomon noch häufig zu Pferde ausgeführt, mit Pistolen in der Satteltasche zum Schutze gegen Überfälle.“

[52] Otto Zeller, Band 2, a.a.O., S. 21/22.

[53] Der Restölgehalt des Ölkuchens ist eine wichtige Kennziffer, die über Qualität und Effektivität der Ölgewinnung Auskunft gibt.

[54] Schlegelmühlen = Schlagwerke zur Ölgewinnung.

[55] Ludwig Herz, a.a.O.

[56] „Auch dass die Eisenbahnlinie von Hamburg nach Berlin über Wittenberge geführt wurde – Perleberg sträubte sich wie viele kleine Städte damals gegen die neumodische Erfindung – ist Salomon zu verdanken. Der Fackelzug, den ihm die Wittenberger dann brachten, war wohl verdient. Denn seinem regen und einsichtsvollen Unternehmungsgeist.....sowie der Mitbegründung der hier sich kreuzenden Eisenbahn hatte die Stadt einen wesentlichen Aufschwung zu verdanken“. (Ludwig Herz; a. a. O.)

[57] Mäsche = Wiesengrundstück in der Nähe von Flüssen, oft eingedeicht. Edelmannsmäsche = Mäsche, dem Stadtherrn gehörig.

[58] Otto Zeller, Band 2, a.a.O.; Seite18.

[59] Ebenda.

[60] Rektor der Schule in Wittenberge von 1847-1857. (Stadtarchiv)

[61] Diese ca. 2 Morgen große Wiese im Durchflussbereich des Herzschen Kanals gehörte zu den nicht baren Einkünften (= Accidentien) des Schulrektors Langheinrich. (Stadtarchiv –StA-)

[62] 27 Reichstaler 10 Silbergroschen.

[63] Gerichtsassessor Friedrich Salomon Anton wurde 1801 zum Bürgermeister berufen und 1809 bei der Einführung der städtischen Selbstverwaltung als Bürgermeister gewählt, schließlich 1817 sogar auf Lebenszeit.

[64] 1 Wispel = ca. 1319 Liter.

[65] Otto Zeller, Band 2,; a.a.O.; Seite 19.

[66] „Der Prignitzer, General-Anzeiger für die Prignitz und Altmark" Nr. 73 vom 27. März 1933.

[67] „Singer Werkfreund", Heft 8/1933, Seiten 217/218. (Der SWF war seit Januar 1929 Werkzeitschrift der Singer Nähmaschinenfabrik in Wittenberge).

[68] Am 31. August 1952 stimmte der Rat der Stadt Wittenberge einem Antrag der Märkischen Ölwerke zu, wegen des geplanten Baues eines dritten Anschlussgleises zur Überquerung der Bad Wilsnacker Straße die sogenannte „Herzbrücke" zu entfernen. Die Märkischen Ölwerke sollen die entstehenden Straßenbaukosten und die Unterhaltungskosten des Straßenteils innerhalb der Anschlussgleise für die Zeit von zehn Jahren übernehmen, da in dieser Zeit mit Senkungen des aufgeschütteten Bodens zu rechnen sein wird. (Stadtarchiv: Protokolle der Ratssitzungen)

[69] Siehe Anmerkung 3.

[70] Heute Bad Wilsnacker Straße.

[71] Otto Zeller, Band 2; a.a.O.; Seiten 20/21.

[72] Mühlenstraße, das ist die spätere Herzstraße, heute Teil der Bad Wilsnacker Straße.

[73] Amtsgerichtsrat Dr. Ludwig Herz, Graz, Sohn des Hermann Herz.

[74] „Einen Wohltäter der Armen" nennt ihn das Beileidsschreiben aus Wittenberge. „Er gab nicht nur nach allen Seiten ohne Unterschied des Glaubensbekenntnisses, er gab Hunderte und Tausende und verbat sich jeden Dank", hieß es in einem anderen Nachruf. „Von der äußeren Erscheinung Salomons wissen wir nichts. Er hat sich stets geweigert, sich malen zu lassen, und war nicht einmal zu einem Photographen zu bringen." (Ludwig Herz, a.a.O.)

[75] Nach seiner Lehrzeit bei der Öl-Firma I. G. Wappler in Leipzig trat Wilhelm Herz 17-jährig in die Firma S. Herz ein. „Seit seinem 22. Lebensjahr war er schon viel auf Geschäftsreisen und mit selbständigen Aufgaben betraut. Trotzdem findet er Zeit für die rege gesellige Leben seines ausgedehnten Kreises, ...", „1848 gehört er zur berittenen Bürgerwehr. Bei dem Einzug des Königspaars 1861 in Berlin nach der Krönung in Königsberg führt er das berittene Corps der Berliner Kaufmannschaft", schreibt Ludwig Herz, a.a.O. Seine „Passion für den Reitsport – und später für den Fahrsport bis zum Kutschieren von Tandemgespannen und Viererzügen – hat Wilhelm bis in das Greisenalter bewahrt; das Bild des Neunzigjährigen zu Pferde im Tiergarten" fand sich des öfteren in illustrierten Blättern.

[76] Hermann Herz „wurde nach Besuch der Friedrich-Werderschen Gewerbeschule und des Gewerbeinstitutes Maschinenbauer, ... Er entwarf und baute auch eine Dampfmaschine. ... 1846 trat Hermann bei Borsig ein." Aus gesundheitlichen Gründen musste er seinen erlernten Beruf aufgeben. „Früh machten sich literarische Neigungen geltend. Er schrieb für den entfernt Verwandten Komponisten Meyerbeer sogar ein Opernlibretto, das allerdings nicht erhalten ist. Nach seiner Verheiratung mit Henriette Marckwald verlebte er die Flitterwochen mit seiner jungen Frau in Wittenberge". (Ludwig Herz, a.a.O.)

[77] Siehe Ludwig Herz, a.a.O.

[78] Die Betriebskrankenkasse hat 1902 281 Mitglieder; sie bestand bis zum 31. Dezember 1910. (StA)

[79] In dem erhaltenen handschriftlich vom Gildevorsteher verfassten Bericht hieß es u.a.: „Da der Geheime Kommerzienrat W. Herz in Berlin bei den Jubelfeste persönlich nicht erscheinen konnte und erst am 5. Juli mit seiner Familie hier eintraf, wurde die Gilde an jenem Tag zusammen berufen, um mit voller Musik und wehenden Fahnen dem großherzigen Geber unserer neuen und kostbaren Fahne den Dank der Gilde persönlich abzustatten. ....." (Chronik der Schützengilde Wittenberge)

[80] Eines dieser alten Turbinenräder wurde 1994 bei Aufräumungsarbeiten auf dem ehemaligen Öl-mühlegelände in einem Brunnenschacht entdeckt und stellt ein bewahrenswertes technisches Denkmal dar.

[81] Das war ursprünglich das Gelände, auf dem Zimmermeister Barth seinen Zimmereihof hatte.

[82] 12. Ausgabe des Adressbuches für Wittenberge, 1896.

[83] Kommerzienrat Paul Herz und Max Herz waren Söhne von Wilhelm Herz.

[84] Nach dem Machtantritt der Nationalsozialisten blieb er zunächst unbehelligt, musste dann aber 1938 den zusätzlichen Vornamen Israel annehmen (wie alle Juden). Bei den Judenpogromen im Jahre 1938 wurde auch die Wohnung der Familie Loeb demoliert. Fanny und Arthur Loeb ver-ließen bald danach Wittenberge und nahmen ihren Wohnsitz in Köln. Am 15. Oktober 1943 wurde Dr. Loeb von der Gestapo verhaftet und zur Deportation vorgesehen. Bereits Anfang No-vember desselben Jahres starb er in Köln, da er Insulinspritzen, die er als Diabetiker lebensnot-wendig brauchte, nicht mehr erhielt. (Rodegast; a.a.O.)

[85] Siehe R. Heuer, a.a.O.

[86] Hans Herz war ein Sohn von Hermann Herz und somit Neffe von Wilhelm Herz.

[87] Auf dem vor Jahren zugekauften Areal der ehemaligen Shoddyfabrik von Gänicke & Becker.

[88] Die im Herbst 1929 von den USA ausgehende und bis 1933 während Weltwirtschaftskrise erfass-te alle Industriestaaten und wirkte sich auf die deutsche Wirtschaft natürlich äußerst negativ aus, weil diese an das amerikanische Kapital besonders gebunden war. Deutschlands Produktion war inzwischen rapide gesunken; sechs Millionen, im Herbst 1932 bis zu 7,5 Millionen Arbeitslose wurden hier registriert und zahlreiche Streiks von Arbeitern brachten keine Überwindung der Misere. Natürlich schlug sich das auch in der Wittenberger Industrie nieder. Schon 1927 hatte die Herzsche Ölfabrik einen Verlust von 42.557,45 RM und 1928 einen solchen von 264.362,73 RM in ihrer Bilanz ausgewiesen. Die damaligen Besitzer waren offenbar mindestens aus finan-ziellen Gründen nicht in der Lage gewesen, notwendige Instandsetzungsarbeiten und Moderni-sierungen durchführen zu lassen. Einem Betriebsprüfungsprotokoll von 1936 ist zu entnehmen, dass die im Jahre 1929 von der Aktiengesellschaft übernommenen Betriebsanlagen überwiegend in der Zeit bis 1920 angeschafft worden, die maschinellen Anlagen überaltert, vernachlässigt und reparaturbedürftig waren. Presserei, Raffination und Antriebsanlagen ließen eine wirtschaftliche Produktion nicht mehr zu. Vor erneuter Inbetriebnahme der Raffinerie war zunächst eine Gene-ralreinigung notwendig, welche Fuhren von Unrat zutage förderten. (Archiv Ölmühle)

[89] Onkel des Kaufmanns Luis Roever.

[90] Der Kaufmann Luis Roever (lt. Reifezeugnis des Ratsgymnasiums zu Osnabrück vom 21.03.1896 Karl Ludwig R., Sohn des Kaufmanns Roever zu Osnabrück) hat lt. Angaben von 1935 dreißig Jahre im Ausland gelebt, davon allein 27 Jahre in Mexiko, wo er Zuckerplantagen besaß. (Ar-chiv Ölmühle.)

[91] Archiv Ölmühle.

[92] Luis und Heinrich Roever beherrschen die Gesellschaft zu dieser Zeit fast 100%ig.

[93] Archiv Ölmühle.

[94] Ebenda.

[95] Er war zur Alleinvertretung des Betriebes berechtigt. (Ebenda).

[96] Die beiden zuletzt Genannten waren nur gemeinsam mit einem weiteren Vorstandsmitglied oder Prokuristen zeichnungsberechtigt) (Ebenda).

[97] Das waren damals umgerechnet 36.000 RM.

[98] In einer neuen Vereinbarung wurde mit Wirkung vom 01.01.1932 Roevers Gehalt um 25% auf 27.000 RM reduziert. (Archiv Ölmühle)

[99] Archiv Ölmühle.

[100] Mit Arbeiter werden ungelernte Kräfte bezeichnet, Handwerker sind „Facharbeiter" im heutigen Sinne.

[101] Archiv Ölmühle.

[102] Ebenda.

[103] = 27.134,25 RM

[104] Archiv Ölmühle.

[105] Für diese und die weiteren Statistiken: Archiv Ölmühle.

[106] Ebenda.

[107] Das Extraktionsverfahren ist 1856 erfunden worden.. Die anfallenden Extraktionsschrote wurden den Mischfutterwerken, überwiegend in loser Form in Waggons verladen, zur Verfügung gestellt.

[108] Archiv Ölmühle.

[109] Ebenda.

[110] Es ist erstaunlich, dass bis zu diesem Zeitpunkt der Name des jüdischen Firmengründers noch im offiziellen Namen des Betriebes von den Nazis geduldet wurde.

[111] zzgl. 5 % für Kleiderabnutzung.

[112] 0,62 RM, 0,65 RM, 0,72 RM, 0,85 RM, je nach Eignung und Einarbeitung.

[113] Archiv Ölmühle.

[114] Die Entwicklung des Betriebes der Ölmühle in Wittenberge nach dem Zweiten Weltkrieg ist der vom Prignitzer Heimatverein Wittenberge e. V. 1997 herausgegebenen Broschüre von Heinz Muchow „Die Ölmühle zu Wittenberge – Einblicke in die wechselvolle Geschichte des ältesten Industriebetriebes der Stadt" zu entnehmen.

[115] In dem Ehrenbürgerbrief der Stadt Köthen vom 18.08.1863 für Salomon Herz wurde aufgeführt: „.....durch die in neuerer Zeit gegründete Herzstiftung, aus der alljährlich eine namhafte Zahl Armer unserer Stadt in ganz unerwarteter Weise beglückt werden können." (Ludwig Herz, a.a.O.)

[116] Genannt nach dem Namen der Mutter von Salomon Herz; begründet mit 2 000 Taler, zur Ausstattung armer Bräute. (Ludwig Herz; a.a.O.)

[117] „Aus den Bestimmungen der Familienstiftung ist bemerkenswert: Die Unterstützungen stehen ausschließlich Verwandten mit Wohnsitz in Preußen oder den Deutschen Bundesstaaten zu, diesen aber, ob sie sich ‚zur jüdischen oder christlichen Religion bekennen'. Zur Ausbildung dürfen sie nur gewährt werden, ‚Leuten von guten natürlichen Anlagen, die sich einem Gewerbe der höheren Technik, der bildenden – nicht darstellenden – Kunst oder im Falle einer besonderen Befähigung irgendeinem Berufe, der ein wissenschaftliches Studium erfordert, widmen wollen'. Zu Etablierung und Ausstattungen sollen sie ausnahmsweise und nur für in Berlin wohnhafte Anwärter gestattet sein, und zwar zu Ausstattungen lediglich, wenn ‚eine genaue Untersuchung ergeben hat, dass die beabsichtigte Heirat ein glückliches Ergebnis erwarten läßt'. Nicht verbrauchte Zinsen sollen gleichteilig der Armenverwaltung der Stadt Berlin für christliche Arme, der Jüdischen Gemeinde für jüdische Arme zufallen." (Ludwig Herz, a.a.O.)

[118] Stadtarchiv.

[119] Das Waisenhaus in der damaligen Herzstraße (heute Bad Wilsnacker Straße) wurde am 15. Juni 1900 eingeweiht. (Stadtarchiv)

[120] Zum 90. Geburtstag von Wilhelm Herz am 26.04.1913 schenkte die Stadt Wittenberge ihrem Ehrenbürger ein silbernes Modell des neuen Wittenberger Rathauses im Werte von 3 800 Mark. (Stadtarchiv).

Anmerkungen zu Kapitel 3:

[121] Peter Bley: „150 Jahre Eisenbahn Berlin-Hamburg.", a.a.O.

[122] C. F. Oppert: Bericht des Comité zur Begründung eines Actien-Vereins für die Eisenbahn-Verbindung zwischen Berlin und Hamburg. Berlin, im Dezember 1842.

[123] Ca. 127,5 km

[124] Diese Einladung war u.a. auch von Salomon Herz, Berlin, unterschrieben. (BLH, Pr.Br.Rep. 2A, Abt. I V Nr. 1922)

[125] Siehe „Bekanntmachung" vom 01.11.1841. in der Vossischen Zeitung. „Moltke wurde mit 10 000 Talern selbst Aktionär der Berlin-Hamburger Bahn und gehörte bis 1847 ihrem Aufsichtsrat an." (Alfred Gottwald, Die Berlin-Hamburger Eisenbahn und ihre Bahnhöfe; in der Zeitschrift „Brandenburgische Denkmalpflege", 5/1996; a.a.O.)

[126] Später verstand es Moltke meisterlich, die Eisenbahn im Kriege 1870/71 als kriegsentscheidendes Mittel einzusetzen.

[127] Siehe Peter Bley; a.a.O.

[128] Der große Brand von Hamburg im Jahre 1842 behinderte zwar das Zeichnen von Aktien, jedoch führte schließlich eine Zeichnung von 3 Millionen Talern durch Mecklenburg und Hamburg kurzfristig dazu, die restlichen 5 Millionen Taler aufzubringen.

[129] Friedrich Neuhaus (* 20.09.1797; † 04.12.1876) hatte als Kgl. Oberwegebau-Inspektor das Eisenbahnwesen in verschiedenen europäischen Staaten studiert. Nach seinem Ausscheiden aus dem Staatsdienst hatte er von 1840 bis 1843 den Bau der Berlin-Stettiner Eisenbahn geleitet. Er war dann lange Jahre Vorsitzender des Direktoriums (Betriebsdirektor) der Berlin-Hamburger Eisenbahngesellschaft.

[130] Siehe Alfred Gottwald, a.a.O.

[131] Siehe hierzu auch im Kapitel 2 den Einfluss des Großaktionärs Salomon Herz auf diese Entscheidung.

[132] Die vorstehend geschilderte Entwicklung des Eisenbahnbau-Projekts entspricht im wesentlichen der Darstellung von Peter Bley in „150 Jahre Eisenbahn Berlin-Hamburg."; a.a.O. Auch der weitere Ablauf der Baumaßnahmen bei der Errichtung der Eisenbahnstrecke Berlin-Hamburg ist dieser Quelle zu entnehmen.

[133] „Pegasus" war eine Lokomotive, die 1846 von der Firma Borsig gebaut worden und mit einem überhängenden Stehkessel und einer Rundkuppel ausgestattet war.

[134] Vossische Zeitung („Königlich privilegirte Berlinische Zeitung von Staats- und gelehrten Sachen").

[135] Auch die Lokomotive „Pluto" stammte aus der Borsigschen Fabrik, trug die Fabriknummer 105 und war 1846 erbaut worden.

[136] Siehe Peter Bley; a.a.O.

[137] Siehe Peter Bley; a.a.O.

[138] Fünfzig Jahre später gab es schon 39 Bahnhöfe an dieser Streckenführung.

[139] Zunächst überwogen aber noch die Einkünfte aus dem Personenverkehr. Doch für die kommenden Jahre konnte ein rapider Rückgang bei der Personenschifffahrt auf der Elbe registriert werden, so dass der regelmäßige Passagierdienst der Elbschiffahrt zum Erliegen kam.

[140] „Lithographie um 1853, ... Nach der Natur mit Genehmigung der Direction gezeichnet von Alexander Schuricht.....". Sie zeigt 25 Bahnhöfe an der Eisenbahn von Hamburg nach Berlin. Alle abgebildeten Bahnhöfe, mit Ausnahme des in Hamburg, „lassen die Handschrift von Friedrich Neuhaus erkennen", schreibt der Verfasser des zugehörigen Artikels, Alfred Gottwald: „Die Berlin-Hamburger Eisenbahn und ihre Bahnhöfe", a.a.O.

[141] Peter Bley; a.a.O.

[142] Von Platt 1863 veröffentlicht. (Stadtarchiv)

[143] Stadtarchiv

[144] Dem Wittenberger Apotheker Gustav Eduard Schönduve und dem Bahnhofsrestaurateur Köster, beide Mitglied des zeitweiligen „Vereins zur Verpflegung der durchpassirenden kranken und verwundeten Soldaten der Armee", wurde der „wärmste Dank des königlichen Kriegsministeriums für die patriotische Gesinnung", nämlich der Betreuung der „kranken und blessirten Soldaten", ausgesprochen, sowie dafür Auszeichnungen zuteil. (Stadtarchiv, Akte „Krieg 1864-66" und „Apotheker Schönduve")

[145] Hans Viktor von Unruh (* 28.03.1806 in Tilsit; † 1886). Sein Vater war der preußische General Friedrich Wilhelm Christoph von Unruh. Ab Herbst 1825 hatte er an der Bauakademie Berlin (Statik, Hydrostatik, Mechanik, Hydraulik) studiert und im September 1828 sein Examen zum Baumeister abgelegt. 1844 leitete von Unruh den Bau der Potsdam-Magdeburger Eisenbahn. 1848 war er Mitglied der preußischen Nationalversammlung in Berlin. („Erinnerungen ....Hans Victor von Unruh", a.a.O.)

[146] Oberbürgermeister Franke, Magdeburg, hatte mit von Unruh im Frühjahr 1846 Verhandlungen wegen der Übernahme des Eisenbahnbaues geführt. („Erinnerungen aus dem Leben von Hans Viktor von Unruh", a.a.O.)

[147] Borsig (siehe Abbildung 17) hatte zur Begleitung auf der Reise „den Kaufmann Wilhelm Ullmann engagiert, der England und seine Eisenbahnindustrie genau kannte, jährlich dorthin reiste und fertig englisch sprach." („Erinnerungen ....., a.a.O.)

[148] Anton Ferdinand Benda (* 10.02.1817 in Berlin; † 06.01.1893 in Lübeck als Baumeister). Nachruf in den Lübeckischen Blättern 35. Jg. Nr. 3 vom 08.01.1893; a.a.O.

[149] Siehe: „Erinnerungen....."; a.a.O.

[150] = 1251,30 m

[151] = Stepenitzmündung

[152] Siehe Abbildung 19.

[153] Ein Kupolofen ist ein Schachtofen zur Herstellung von Gusseisen aus Roheisen und Schrott; er ist ähnlich einem Hochofen aufgebaut.

[154] 16-20 bzw. 6-10 PS.

[155] Trass ist ein Gestein, das mit Zement gemengt als Trasszementmörtel besonders für massige Bauteile in Wasser geeignet ist.

[156] Coaks = frühere Schreibweise für Koks.

[157] Stadtarchiv, Akte „Bahnhof".

[158] „Gerade zu derselben Zeit, als in Berlin durch die verkehrtesten Anordnungen der Behörden Tausende von Arbeitern zusammengezogen und gegen hohen Tageslohn in den Rehbergen angeblich beschäftigt wurden, in Wirklichkeit aber äußerst wenig arbeiteten, vielmehr faulenzten, trat bei der Magdeburg-Wittenberger Eisenbahn, wie fast überall, ein bedrückender Geldmangel ein. Es waren beim Bau der Elbbrücke bei Wittenberge etwa achtzehnhundert Mann, darunter die Mehrzahl Erdarbeiter, in Thätigkeit. Ich bemühte mich, Geld leihweise aufzutreiben, es waren mir auch von der Dessauer Bank 100 000 Thaler zugesagt, wenn es gelänge, die schon lange nachgesuchte Genehmigung zur Ausgabe von Prioritätsobligationen, mindestens die feste Zusicherung derselben zu erlangen. Dazu geschahen die nötigen Schritte, aber es war vorherzusehen, daß darüber wenigstens vier bis sechs Wochen vergehen würden. Ich begab mich deshalb nach Wittenberge und teilte dem den Bau leitenden Baumeister Benda, meinem Begleiter auf den Eisenbahn-Studienreisen in England und so weiter, mit, daß der Kassenbestand kaum noch vierzehn Tage ausreiche und wir uns in der Lage befänden, entweder den Bau nach acht Tagen einzustellen oder Löhne und Accordsätze um etwa ein Drittel zu ermäßigen und so uns durchzuhelfen, bis neues Geld flüssig werde. Benda bestätigte meine Vermutung, daß die Lohnherabsetzung sich durchführen lasse. Es wurden die Werkmeister und die Schachtmeister (Unteraufseher bei den Erdarbeiten) nebst den Aufsehern zusammenberufen und denselben die Lage der Sache offen auseinandergesetzt. Die Leute hatten zum Baumeister Benda großes Vertrauen, wußten genau, daß sie nicht getäuscht wurden, und erklärten, sie hielten die Maßregel für ausführbar, wollten aber erst mit den Arbeitern sprechen. Dies geschah: Am andern Tage meldeten die Werkmeister und Aufseher, daß zwar einige hundert Arbeiter abgehen, aber die allergrößte Anzahl bleiben und sich die Lohnermäßigung gefallen lassen würde.

Nun wurde die Sache bekannt. Sofort kam der Bürgermeister von Wittenberge und protestirte lebhaft gegen die Maßregel; die Arbeiter würden die Stadt anstecken und plündern, meinte er. Ich antwortete ihm, er habe nichts zu besorgen und möge bedenken, daß eine Einstellung des Baues die Arbeiter viel mehr aufregen würde als die Lohnherabsetzung. Der Bürgermeister entfernte sich. Zwei Stunden später erschien der Landrat von Saldern sehr aufgeregt und erklärte, die Lohnherabsetzung sei unzulässig. Ich fragte ihn, ob er mir vielleicht 100 000 Thaler borgen könne, wenn nicht, so bliebe es bei der Lohnreduktion. Er könne weder die Fortsetzung des Baues anordnen noch die Höhe der Löhne bestimmen! Der Landrat beruhigte sich und meinte, er wolle mir zu meinem Beistände zwei Gendarmen schicken. „Dann gibt es bestimmt Skandal", erwiderte ich und bemerkte, ich würde eine solche Lohnherabsetzung nicht unternehmen, wenn ich nicht sicher sei, die große Majorität der Arbeiter auf meiner Seite zu haben. Dies überzeugte den Landrat.

Den Werkmeistern und Schachtmeistern hatte ich gesagt, ich würde unfehlbar den ganzen Bau einstellen, wenn auch nur eine Karre zerschlagen würde. In Folge dessen zeigten die Meister an, die Mehrzahl der einverstandenen Leute wollte, um jeden Unfug zu verhindern, die Nacht nach dem Zahlungstage auf der Baustelle bleiben. Sie baten aber um Holz zu Wachtfeuern, was natürlich zugestanden wurde.

Am Zahlungstage verkündete ein Anschlag die herabgesetzten Tage- und Stücklöhne mit dem Hinzufügen, daß Arbeiter, welche darauf nicht eingehen wollten, ihre Entlassungsscheine zu fordern hätten. Während der Lohnauszahlung am Sonnabend rotteten sich etwa dreihundert Mann zusammen, zogen aber ab, als sie sahen, daß mehr als tausend Mann auf der Baustelle lagerten. Ich reiste nach Magdeburg zurück. Am Sonntag erschien eine Deputation der entlassenen Arbeiter beim Baumeister Benda und bat um Wiederannahme zu den herabgesetzten Löhnen. Benda erklärte sich dazu bereit mit Ausnahme der zehn schlimmsten Rädelsführer. Damit waren die Leute einverstanden und sie wünschten die Namhaftmachung dieser zehn Mann; dies lehnte Benda ab und sagte ihnen, er sei kein Polizeimann, die Arbeiter selbst müßten die Namen der zehn angeben. Auch das geschah. Nach Ablauf von etwa einem Monat glückte es mir, Geld anzuschaffen. Der Bau wurde gar nicht unterbrochen. Dies alles trug sich zur selben Zeit zu, während bei Berlin eine sehr große Zahl von in den Rehbergen beschäftigten Abeitern durch die Ungeschicklichkeit der Behörde demoralisirt wurde. Wollte jetzt ein Baumeister einen ähnlichen Versuch machen wie der in Wittenberge durchgeführte, es ginge sicher nicht ohne Unruhen ab. Wo jetzt Fabrikanten notgedrungen den Lohn herunter setzten, folgt der Streik unmittelbar darauf." („Erinnerungen .....", a.a.O.)

[159] System Howe, siehe Abbildung 18. William Howe war ein amerikanischer Brückenbauer und Konstrukteur. Seine Konstruktionen hatten sich bereits in Amerika bewährt. (Hans-Joachim Kunst; a.a.O.

[160] Siehe „Bericht über die Prüfung eines Brückenfeldes ....." von 1850, a.a.O. Am 27.12.1853 wurde Zimmermeister Ehrhardt zum stellvertretenden Vorsitzenden der Stadtverordnetenversammlung gewählt; am 03.01.1860 und auch 1862 wurde er deren Vorsitzender.

[161] Siehe hierzu: Heinz Muchow: „Straßenverkehr über die alte Eisenbahnbrücke ....", a.a.O.

[162] Kurz vor Ende des Zweiten Weltkrieges, am 12. April 1945, wurde die Brücke auf Befehl des damaligen Stadtkommandanten, Major Friedrich Rauterberg, gesprengt.

[163] Die Werkstatt für Weichenbau wurde 1870 nach Stendal verlegt, der Weichenbau verblieb nur in geringerem Umfang im früheren „Altstadtgelände".

[164] Eine Zeichnung von einem Lokomotivschuppen mit Tränkanstalt aus dem Jahre 1868 ist im Stadtarchiv vorhanden.

[165] Von 1890-1902 arbeitete die Maschinenfabrik Hahn in diesen Räumen. Das Wohnhaus in dem heute noch mit „Altstadt" bezeichneten Areal wurde für den Abteilungs-Ingenieur und den Bahnmeister errichtet.

[166] Hierin wurde später u.a. die MITROPA-Gaststätte untergebracht.

[167] „In Vollzug der Eisenbahnpolitik des Ministerpräsidenten Otto von Bismarck (1815-98), der eine schlagkräftige einheitliche Eisenbahn im Deutschen Reich formen wollte, wurde die Berlin-Hamburger Bahn durch Gesetz vom 17. Mai 1884 mit 435 km Länge, 3 324 Bediensteten, 202 Lokomotiven und 4 314 Waggons in das Eigentum des preußischen Staates überführt." (Alfred Gottwald, a.a.O.)

[168] Ihr Baubeginn war 1879. Die Baukosten betrugen bis 1909: 764 000 Mark.

[169] Siehe Artikel von Heinz Muchow: Dr. Gerhard Sauer (1878-1963). (Faltblatt).

[170] Siehe Dietrich Kutschik/Burghardt Sprang: Die Berlin-Hamburger Eisenbahn; a.a.O.

[171] Siehe nachfolgend abgedruckte Kopie.

[172] Eine Propeller-Konstruktion des Ingenieurs Kruckenberg, der sogenannte „Schienenzeppelin", erreichte während einer Versuchsfahrt am 21.06.1931 von Bergedorf nach Spandau die damals sensationelle Geschwindigkeit von 230 km/h. (Siehe: Kutschik ...; a.a.O.

[173] Der Schnelltriebwagen „Fliegender Hamburger" fuhr während einer Versuchsfahrt auf der Strecke Berlin, Lehrter Bahnhof, bis Hamburg-Hbf. (286,8 km) am 19.12.1932 eine Höchstgeschwindigkeit von 142 km/h und bei seinem planmäßigen Einsatz am 15. Mai 1933 die Geschwindigkeit von 138 km/h. Er war damit damals der schnellste Zug der Welt. (Kutschik ...; a.a.O.)

[174] Sie stand unter Leitung des Eisenhüttenkundlers Kantner. Siehe Broschüre „70 Jahre Schweißtechnik bei den Deutschen Eisenbahnen"; 1993; a.a.O.

[175] Aus diversen Presseberichten zusammengestellt.

[176] Direktor der Betriebsberufsschule des RAW: Herbert Schulz.

[177] 80 Plätze.

[178] Siehe hierzu (besonders ab 1945): „Unsere Heimat", 8/56, 10/56, 2-6/57 und 8-11/57 (Autor: Hermann Giese). Siehe auch: Stadtarchiv, Karte Nr. 259: Bahnhof 1876.

Anmerkungen zu Kapitel 4:

[179] Grundstück der Firma G. C. Lorenz Meyer und Consorten (Friedrich Justus und C. F. Hünten), Hamburg, die hier 1846 ein Wohnhaus und einen Speicher errichtet hatten. Letzterer diente später dem Kaufmann August Graefe als Speicher. (Bauakte im Stadtarchiv).

[180] 60 Fuß lang, 34 Fuß tief, mit zwei Etagen.

[181] James Dodgshun, * 09.02.1811 zu Morley/Grafschaft Yorkshire/England.

[182] Shoddy (englisch) = Reißwolle, Zupfwolle.

[183] In der Tivoli-Vorstadt.

[184] Graefe war 1822 Stadtverordnetenvorsteher in Wittenberge. Er wurde am 14.02.1854 als Ratsherr gewählt.

[185] Stadtarchiv.

[186] Vertreten durch Herrn L. Hartmann

[187] Schwager von James Dodgshun.

[188] 1 HP = 1,0139 PS

[189] Ursprünglich als Fachwerkbau mit Schieferdach geplant.

[190] Das wurde am 29.07.1853 in einer Bekanntmachung im „Öffentlichen Anzeiger ....." auf Seite 757 bekanntgemacht. Dafür wurden 1 Thaler 6 ¾ Sgr. als Preis gezahlt.

[191] Joseph Naylor, * 02.11.1810 in Batley/England, † 13.07.1894 in Wittenberge; ∞ mit Rachel Barra-Clough (* 10.10.1823; † 11.10.1905). Siehe Hans Naylor (Enkelsohn von Joseph N.): „Erinnerungen ..."; a.a.O.: „Joseph N. war ein sehr begüterter Mann. Er hat um 1850 herum seine Tuchfabrik von England nach Wittenberge verlagert, wahrscheinlich wegen der in Deutschland wesentlich geringeren Löhne. ...In der Tivolistraße hat er seine Fabrik aufgebaut und der Fabrik gegenüber sein Wohnhaus und daneben ein Haus für seine Meister, die er mitsamt der englischen Textilmaschinen mitgebracht hat. ..."

[192] Fachwerk mit Pappdach, 34 Fuß breit, 26 Fuß tief.

[193] Heute Bad Wilsnacker Straße 28.

[194] Gr. Tivolistraße 3, heute Bad Wilsnacker Straße 29.

[195] Heute Bad Wilsnacker Straße 28.

[196] Siehe: Hans Naylor, Erinnerungen ..., a.a.O.

[197] Siehe: Hans Naylor, Erinnerungen ..., a.a.O.: „In der Nähe des Hauses hatte mein Vater (Arthur N.) zwei Pferde, einen Landauer und einen Gig zu stehen. Den Gig fuhr er mit zwei Pferden hintereinander und mit dem Landauer fuhren wir zum Wochenende oft zur Perleberger Försterei hinaus. ... Da mein Vater krank war (Magenkrebs), sind meine Eltern viel auf Reisen gewesen."

[198] Heute Bad Wilsnacker Str. 29.

[199] Siehe: Hans Naylor, Erinnerungen ..., a.a.O.; „Nach dem Einlauf der Textilfertigung hat sich Joseph Naylor nach Hamburg zurückgezogen und den Söhnen Arthur, Edmund, Willi (William) und Charlie (Charles) die Führung der Fabrik überlassen." 1884 wohnte Edmund N. noch in der Scheunenstraße 3, später Große Tivolistraße 4.

[200] Lt. „Bericht des Magistrats zu Wittenberge über die Verwaltung und den Stand der Gemeinde-Angelegenheiten pro 1. April 1887/1888".

[201] Heute Bad Wilsnacker Str. 30.

[202] Siehe: Hans Naylor, Erinnerungen ..., a.a.O.: „Edmund N. hat neben dem Haus meiner Eltern eine Backsteinvilla mit sehr hohen und großen Zimmern und einem riesenhaften Treppenhaus gebaut."

[203] Siehe: Hans Naylor, Erinnerungen ..., a.a.O.

[204] Siehe: Hans Naylor, Erinnerungen ..., a.a.O.

[205] Strohmehl diente zur Streckung des Brotgetreides.

[206] Siehe: Hans Naylor, Erinnerungen ..., a.a.O.: Nachdem der Export der Fabrik nach Amerika stark zurückgegangen war, führte E. Verhandlungen mit dem Verband der Märkischen Tuchfabriken, mit denen er die Oberleitung der (Wittenberger) Fabrik in diesem Verband erreichte, in der er selbst Direktor wurde, während seine Brüder aus der Fabrik ausschieden."

[207] Hier sei angemerkt, daß aus der Inflationszeit folgende Preisnotierungen vorliegen: 1 Brot kostete am 10.09.23   500 000 Mark, am 24.09.23   5 000 000 Mark und 01. Oktober 1923 schließlich 20 000 000 Mk.

[208] William Henry Naylor, 1866 in Wittenberge geboren, war am 03.02.1933 verstorben.

[209] Die Zentrale der NORDEUMA befand sich in Berlin. Ihr Direktor war Dr. Glenck.

Anmerkungen zu Kapitel 5:

[210] Heute Perleberger Straße 34.

[211] U.a. 1873 auf der Weltausstellung in Wien.

[212] Siehe Abschnitt 5.2.

[213] Louis Ferdinand Adolf Karl August Krause: * 14.10.1844 in Wittenberge; † 17.12.1908 in Wittenberge; verheiratet mit Anna Agnes Caroline Berta Hermine Lösch.

[214] Nachruf in der Lokalpresse. Louis Krause bekleidete vom 01. Januar 1890 bis 29. Juni 1899 das Amt eines Stadtverordneten und vom 29.06.1899 bis 28.06.1908 das eines unbesoldeten Stadtrates im Magistrat von Wittenberge. Vom 13.01.1898 bis 31.12.1898 war Louis Krause gewählter Stadtverordnetenvorsteher. Er gehörte zahlreichen städtischer Deputationen sowie mehreren Wittenberger Vereinen an. Über zehn Jahre war Louis Krause auch Kreistagsabgeordneter des Kreises Westprignitz. Im Gemeindekirchenrat von Wittenberge war er ebenfalls vertreten.

[215] Information von Nachfahren des Louis Krause (Frau Rosemarie Heer, Neuhäusel).

[216] Kaufmann Georg Krause (siehe Abb. 48): * 18.01.1874 in Wittenberge; † 30.04.1964 in Wittenberge. Er war ein begeisterter Ornithologe und zeitweilig stellvertretender Vorsitzender des früheren Heimatvereins in Wittenberge.

[217] Kaufmann Georg Krause, Fräulein Margarethe Krause, Witwe Marianne Fuchs geborene Krause, Fräulein Clara Krause, Frau Charlotte Hansmann geborene Krause, Frau Elise Schönduve geborene Krause.

[218] Magistratsbeschluss # 490/V/32

[219] Diesen Namen trägt die Straße auch seit 01.01.1991 wieder.

[220] Vgl. Kapitel 5.2.

[221] Heute Perleberger Straße 31.

[222] Kaufmann Emil Wiglow (1861-1945) war Sohn des Vormundes der Kinder des verstorbenen Robert Krause. Emil Wiglow war seit 01.01.1899 Stadtverordnetenvorsteher und von 1899-1912 ehrenamtlicher Stadtrat. Er bekleidete auch das Amt des Direktors des Bankvereins Wittenberge. Als Emil Wiglow 1912 die Stadt Wittenberge verließ, um für die Stelle des Direktors des Bankvereins in Brandenburg/Havel anzutreten, wurde ein ehemals zur Weinbergstraße gehörender Straßenabschnitt ehrenhalber nach Emil Wiglow in Wiglowstraße umbenannt.

[223] Gesellschaftsvertrag.

[224] Vater von Emil Wiglow

[225] Vgl. Kapitel 5.1.

155

[226] Heute Liebigstraße.

[227] Stadtarchiv.

[228] Ebenda.

[229] Der älteste Bruder Adolph war bereits 1859 verstorben.

[230] Dies durch Maurermeister Deutsch und Zimmermeister Ehrhardt erbaute Wohnhaus steht noch heute in der Bahnstraße 101.

[231] Stadtarchiv.

[232] Ebenda.

[233] Anlässlich der Reichstagswahlen vom 28. Oktober 1884 kandidierte Hermann Tesmer sen. sogar für die Deutsche Freisinnige Partei und erhielt in Wittenberge 1 597 Stimmen.

[234] Ab 1902 Herzstraße; heute Bad Wilsnacker Straße.

[235] Damals Kaolin-Seife.

[236] Geboren 1839.

[237] Dies Caféhaus wurde 1902 vom aus Treuenbrietzen stammenden Konditormeister Friedrich Selbmann käuflich erworben und war lange Jahre als hervorrag renommiertes „Café Selbmann" in der Elbestadt bekannt.

[238] Vormals „Schwarzer Weg".

[239] In deutscher und russischer Sprache

[240] Stadtarchiv # 192 (alt) und Bauakte der früheren Packhofstraße 25.

[241] Seine ursprüngliche Größe betrug nur 11 x 27 Meter.

[242] Heute Liebigstraße.

[243] Laut einem Schreiben der Firma an die Polizeiverwaltung in Wittenberge. (Stadtarchiv) Als bestimmendes Schmuckelement eines neuen Briefkopfes der Seifenfabrik wurde „Ragoda" als „bestes modernes Waschmittel" angepriesen.

[244] Stadtarchiv, Buch # B 727.

[245] Davon waren etwa die Hälfte Frauen.

[246] Vgl Kapitel 5.2.

[247] Das heute dort noch stehende Fachwerkhaus ist in die Denkmalsliste der Stadt Wittenberge aufgenommen worden.

[248] Stadtarchiv.

Anmerkungen zu Kapitel 6:

[249] Der Hammelwerder, auf alten Situationsplänen u.a. auch als Lämmerwiese bezeichnet, entstand nach einem Elbdurchbruch im Jahre 1709.

[250] Dowe Elbe = Taube Elbe.

[251] Als ältester Teil des Königsdeiches.

[252] 1838 wurde auf der inzwischen gegründeten Buckauer Werft bei Magdeburg der erste Dampfer gebaut, der den Namen „Kronprinz von Preußen" erhielt.

[253] Dagegen waren es 1875 bereits 6 bis 7 Fahrten im Jahre.

[254] Nach dem Muster einer ähnlichen Einrichtung auf der Seine in Frankreich.

[255] Die Kettendampfer waren ca. 45-55 m lang, 6,8-8,2 m breit und besaßen 120-280 PS.

[256] Im Wittenberger Stadtmuseum „Alte Burg" liegt ein etwa 10 m langes und mehrere Zentner schweres Stück jener eisernen Kette, die einst im Strombett der Elbe lagerte und der Kettenschiffahrt diente. „Durch die Kettenschiffahrt hat Wittenberge übrigens zum ersten Mal das elektrische Licht leuchten sehen. Das erste Schiff mit elektrischer Lichtanlage wurde 1892 erbaut. Die meisten Einwohner Wittenberges hatten in dieser Zeit noch keine rechte Vorstellung von der neuen Beleuchtungsart. Es war eine Sensation für Wittenberge, als eines Abends ein Kettendampfer auf der Elbe seine Scheinwerfer in Funktion setzte. Fast die ganze Einwohnerschaft war auf den Beinen, um dieses Schauspiel anzusehen. Der Elbdeich wimmelte von Menschen. Alt und jung, groß und klein hatte sich dort eingefunden. Waren die Scheinwerfer auf die Stadt gerichtet, so erglänzten Häuser und Straßen in „magischer" Beleuchtung."

[257] Benannt nach Bürgermeister Nedwig, der 1897 hier in sein Amt eingeführt wurde.
[258] Von März bis Dezember 1924 haben in Wittenberge 129 Frachtkähne bzw. Dampfer Waren gelöscht bzw. geladen. (Stadtarchiv)
[259] Wittenberger Ackerbürger besaßen Wiesen und Weiden am jenseitigen Elbufer.
[260] Zum Beispiel für Sportbootfahrer zu ihren Bootshäusern bzw. für Spaziergänger zum Ausflugslokal „Zur grünen Aue" in Garsedow.
[261] 1923 „eigene neue eiserne Transportschiffe": „Ursula" ca. 750 t; „Charlotte" ca. 850 t, „Gottlieb Neumann" ca.980 t.(Stadtarchiv 000166).
[262] Siehe hierzu: Heinz Muchow: „"Gut naß!" war der Gruß der Wittenberger Delphin-Schwimmer". Veröffentlicht vom Prignitzer Heimatverein Wittenberge e. V.; 1991.

Anmerkungen zu Kapitel 7:

[263] Nedwig, Paul: Erinnerungen an meine Tätigkeit als Bürgermeister. Kommunalpolitischer Verlag D. Meisinger, Neustadt a. d. Hardt; 1914; Seite 19.
[264] Shoddyfabrik = Reißwollefabrik; später Naylorsche Tuchfabrik.
[265] Das durch **Isaac Merrit Singer** (* 27.10.1811 in Pittstown/N.Y.; † 23.07.1875 in Torquay/Devonshire –England-)(lt. Encyclopaedia Britanica) in den USA gegründete Unternehmen „I. M. Singer & Co." war ab 1857 in New York als „The Singer Manufacturing Co." ansässig. Die Firma stellte der Welt erste Familien-(Haushalt-) Nähmaschine her und war schließlich zum Teilefertigungs-System übergegangen. Die Singer-Company wurde in verhältnismäßig kurzer Zeit zum führenden Nähmaschinenhersteller in der Welt.
[266] Der Hamburger Großkaufmann **Georg Neidlinger** hatte sich in mehrjährigem Aufenthalt in der amerikanischen Singerfabrik umfangreiche Kenntnisse über die Produktion von Nähmaschinen angeeignet. 1898 wurde seine Verkaufsgesellschaft in eine Aktiengesellschaft, die „Singer Nähmaschinen A. G.", umgewandelt. Neidlinger erhielt Prokura für die Hamburger Niederlassung, die sich mit dem Zusammenbau von importierten Nähmaschinenteilen zu Singer Nähmaschinen beschäftigte.
[267] Nedwig; a.a.O.; Seite 24
[268] Früher Neidlinger.
[269] Später wurde die Länge der Kaimauer mit 443 m angegeben.
[270] Oberer lichter Durchmesser: 1,70 m. Baukosten: 28 000 Mark.
[271] Für ca. 180 Arbeitskräfte vorgesehen.
[272] Von der Singer Verwaltung in Berlin wurde der gesamte Verkauf von Nähmaschinen gesteuert. 1920 gehörten zu ihrem Vorstand die Direktoren Hermann Behrmann, Reinhold Poppe und Herr E. Reinhart.
[273] works manager = Werkleiter
[274] Späteres Stanzereigebäude.
[275] Allgemein als „07-Gebäude" bezeichnet.
[276] Lt. Adressbuch von 1908: Niederlassung der Singer Nähmaschinen AG, Bahnstraße 66.
[277] Die Abzahlungs-Wochenrate betrug 1,50 RM. Die schlechtesten Kundenkonto liefen 4-6 Jahre! („Singer Werkfreund"; 8/1933)
[278] Singer zahlte auch seinen Angestellten die Gehälter wöchentlich aus.
[279] Das sind ca. 32 Eisenbahnwaggons.
[280] Es war die erste ihrer Art in Deutschland!
[281] 06.04.1917 Einritt der USA in den Ersten Weltkrieg!
[282] Die Singer Nadelfabrik in Würselen ist durch die Übernahme der Firma Schiffer & Reiß entstanden. Heinrich Reiß († 07.10.1941) hatte gemeinsam mit Schiffer die Fabrik gegründet. Ihr Direktor, Carl Schiffer († 19.04.1943) war auch weiterhin als Leiter tätig. In Würselen waren 1934 über 200 Werktätige beschäftigt. C. Schiffer unterstand auch die Garnfabrik in Dülken, früher Königs & Bücklers Garnfabrik.
[283] Allgemein als „22er-Gebäude" bezeichnet.

[284] Eine Holztrocknungsanlage erhielt die Fabrik 1923. Dieser Bau wurde 1960/61 zu einer neuen Werkküche umgebaut.

[285] Die Buchstaben leuchteten der Reihe nach 3,2 sek auf. Die ganze Schrift war dann 2,2 sek sichtbar. Die Dunkelpause betrug 1,2 sek. („Singer Werkfreund" 1/1937).

[286] Der Kurswert eines US-Dollars erreichte am 09.10.1923 1,2 Milliarden Mark, am 14.11.1923 1260 Milliarden Mark und am 20.11.1923 4,2 Billionen Mark! Eine 50-Milliarden-Mark-Reichsbanknote hatte am 10.10.1923 einen Rechenwert von 70 Goldmark, 6 Wochen später einen solchen von 5 Goldpfennig. Am 10.09.1923 kostete ein Brot noch 500 000 Mark, am 01. Oktober desselben Jahres bereits 20 Millionen Mark. (Vgl. Anmerkung 207)

[287] „Singer Werkfreund" 7/1931.

[288] Solche zweckmäßigen unterirdischen Gänge gab es übrigens mehrere im Nähmaschinenwerk.

[289] Baukosten: 47 000 Mark.

[290] „Singer Werkfreund" Nr. 5/1929.

[291] Der erste Spatenstich war im März 1928 erfolgt. In etwa 90 000 Gesamtarbeitsstunden am Turm wurden während der 14-monatigen Bauzeit verbaut: 210 000 Mauersteine, 1 600 m³ Kies, 13 000 Sack Zement und 105 t Rundstahl. Gesamtgewicht des Bauwerkes: ca. 5 000 t. Kriegsschäden am Gebäude wurden 1957 beseitigt

[292] Mit seiner Höhe von 49,4 m und einer Breite von 11,3 m war er auch eine Bereicherung der Wittenberger Silhouette. Nach einem Entwurf von Architekt Felix Ascher wurde er durch die Hamburger Firma Paul Thiele AG in Stahlbeton-Skelettbauweise ausgeführt, erhielt oben ein Wasserbecken von 385 m3 Nutzinhalt. Die Turmuhr (damals nach der von Big Ben in London die zweitgrößte Turmuhr in Europa) hat ein Zifferblatt von 7,30 m Durchmesser (auf einem 7,57 m Seitenlänge messenden Quadrat). Die Zeigerlängen betragen 3,30 m bzw. 2,25 m. Ihr Gewicht ist 175 kg. Die Ziffernhöhe ist ein Meter.

[293] Am 31.08.1931 wurden bei Singer die Bestimmungen über die Kurzarbeiter-Unterstützung geändert. Kurzarbeit liegt danach immer dann vor, wenn in einer Woche mindestens drei Arbeitstage ausfallen.

[294] 06.03.1930:300 Arbeitslose führen in Wittenberge eine Hungerdemonstration durch; 25.02.1931:500 Arbeitslose demonstrieren in der Stadt.

[295] „Singer Werkfreund" 12/1933.

[296] Der Bau enthielt 44 300 m³ umbauten Raum. Nach Fertigstellung 1937 wurde hier auch die „Oberleitung der Industrie-Abteilung" (OdIA) untergebracht, die für den Kundendienst für Großabnehmer von Nähmaschinen zuständig und früher bei der Verwaltung in Berlin angesiedelt war. An der Straßenfront wurde die „Singer Fabrikmarke", vom Bildhauer Kunstmann in Hamburg in Keramik angefertigt, sowie der Namenszug in 70 cm hohen Buchstaben angebracht. (SWF)

[297] Je 5,45 m breit und 4,80 m hoch.

[298] Z.B. Abt. 195, 197, 198 u.a.

[299] Eine geräumige unterirdische Bunkeranlage für den Luftschutz.

[300] Singers Verkaufsüberschuss aus der Rüstungsproduktion betrug schon bis 1942 etwa 1,7 Millionen Reichsmark. 1944 erfolgte die vollständige Umstellung auf Rüstungsproduktion.

[301] Über die Entwicklung der Nähmaschinenfabrik nach 1946 lesen Sie nach bei: Heinz Muchow: Wie Wittenberge einst die „Stadt der Nähmaschinen" wurde; herausgegeben vom Prignitzer Heimatverein Wittenberge e. V.;1999.

[302] Der Amerikaner Hermann Hollerith (1860-1929) hatte 1880 ein Lochkarten-Maschinensystem zur Aufzeichnung und Auswertung statistischer Angaben erfunden.

[303] Später „Singerheim II". Hier betrug die Miete für eine Werkwohnung (3 Zimmer, Küche, Bad) 9,70 RM wöchentlich.

[304] „Singer Werkfreund" 3/1933.

[305] Früher Mittel Breese. Singer-Kolonie 1-12 an der Wilsnacker Chaussee.

[306] Der erste Spatenstich war am 14.12.1935 erfolgt. Für die Wohnung einschl. der Stallungen und ca. 1 000 m² Land sind monatlich rund 25 RM Miete zu zahlen. Die Grundstücke wurden im Oktober 1941 den Mietern als Eigentum übertragen.

[307] An seine Stelle trat ab 17.01.1934 die „Singer Kameradschaft" im Rahmen der NSG „Kraft durch Freude". Leiter: Adolf Echte. Geschäftsführer wurde später Walter Gabler. („Singer Werkfreund" 1934).

[308] Mit Kriegsbeginn 1939 erschien sie zweimonatlich.

[309] Die Pflichten als Treuhänder werden für Kalwa mit Schreiben vom 25.05.1949 aufgehoben.

[310] Thiemer ist noch 1949 als Liegenschaftsverwalter des Singer Vermögens eingesetzt. Ab 1952 fungieren August Schlee sowie Harroth und Voigt als solche. Ab 01.03.52 ist der Rat des Kreises Westprignitz Verwalter. Er übergibt die Verwaltung an die Stadt Wittenberge, Abt. Finanzen. (STA)

[311] Die hier demontierte Fabrikeinrichtung wurde in das Nähmaschinenwerk Podolsk/SU gebracht, das bis 1917 dem Singer-Unternehmen gehörte.

[312] Wilhelm Bredis, Paul Bluta, Hermann Etzrodt, Emil Fredrich, Alfred Habermann, Oskar Kröhnert, Walter Mathias, Hugo Schmidt, August Uhe und Otto Volkmann.

[313] In der Bevölkerung nur „Singeröfen" genannt.

[314] Am 01.10.1946 wurde die städtische Reparaturwerkstatt (ehem. Rüstungsbetrieb von Fritz Völk) übernommen

[315] Sie erhöhte sich bis 1948 auf 800 und betrug 1953 ca. 1 200.

Anmerkungen zu Kapitel 8:

[316] Bad Wilsnacker Straße 38/39.

[317] Siehe Archivalie im Stadtarchiv Wittenberge zur Naylorschen Tuchfabrik.

[318] Inkrafttreten am 01. Oktober 1935.

[319] Um- und Neubau eines Verwaltungsgebäudes schon 1935.

[320] Diese Türme wurden hier allgemein als „Spitzbunker" bezeichnet.

[321] 50,0 x 12,50 m.

[322] Bauakte im Stadtarchiv (Der gesamte Schriftverkehr zwischen der Stadt und dem Betrieb wurde von der Berliner Verwaltung aus geführt.)

[323] Diese Windkanäle waren etwa parallel zur Kaimauer des Elbhafens angelegt. Betonstraßen führten zu diesen Schießständen. (Bauakte im Stadtarchiv)

[324] „Flug und Werft" war lt. Auskunft des Institutes für Weltwirtschaft, Kiel, vom 08.08.2000 ein Schulungsblatt der Deutschen Arbeitsfront, Gruppe Luftfahrt.

[325] Heute Maxim-Gorki-Straße, und zwar auf der nördlichen Straßenseite. (Stadtarchiv)

[326] Gebaut von „Brandenburgische Heimstätten G.m.b.H., Provinzielle Treuhandstelle für Wohnungs- und Kleinsiedlungswesen", Berlin NW 40, Roonstraße 9, Bauausführung durch „Allgemeine Häuserbau-Aktien-Gesellschaft, Berlin-Lichtefelde". Rohbauabnahme der ersten 18 Wohnungen am 04.01.1936. (Bauakte im Stadtarchiv.)

[327] Heute Tivolistraße.

[328] Bauakte im Stadtarchiv.

[329] Damals Hirschberg/Riesengebirge.

[330] Nachdem am 01. Juli 1936 die erste Spinnmaschine aufgestellt worden war, wurde dort schon einen Monat später der erste Faden gesponnen. Als Ausgangsstoff wurde hauptsächlich Fichtenholz für die Produktion verarbeitet. Siehe: Hermann Kaienburg; a.a.O.

[331] Phrix (Phrixos) und Helle waren Königskinder der griechischen Sage. Sie flohen vor ihrer Stiefmutter auf einem goldenen Widder. Helle stürzte ins Meer und ertrank (Hellespont). Phrix gelangte nach Kolchis und hängte das Fell des geopferten Widders im Hain des Ares (Mars = Sohn des Zeus) auf. (Goldenes Vlies)

[332] Wittenberge war wegen seiner Lage an Elbe, Stepenitz und Karthane ein sehr günstiger Standort, denn das Werk hatte einen hohen Wasserverbrauch und damit fielen auch erhebliche Mengen Abwässer an. Daneben konnte die hier günstige Anbindung an die Schifffahrt und die Eisenbahn nur von Vorteil sein.

[333] Am 01.09.1941 zum „Wehrwirtschaftsführer" ernannt.

159

[334] Gottfried Gruner wurde am 13. September 1907 in Ebersbach/Sachsen als Sohn eines Vertreters geboren.[334] Vom 15. Oktober 1925 bis 1. September 1926 arbeitete er als Volontär bei den Vereinigten Deutschen Textilwerken in Ebersbach. Seine eigentliche Laufbahn begann dann bei der Schlesischen Zellwolle AG in Hirschberg, wo er systematisch Stufe um Stufe erklomm. Am 1.6.1936 wird er in der Verkaufsabteilung des Werkes als Prokurist eingestellt, Bis 1. Juni 1939 stieg das Gehalt auf 1 150 RM. Ab 1. Mai 1939 wird er Direktor und Leiter des Verkaufs bei der Phrixgesellschaft, bevor dann ab Juli 1939 seine Tätigkeit bei der Kurmärkischen Zellwolle Wittenberge begann. Dort wird er ab 1.1.1940 durch Beschluss des Aufsichtsrates zum stellvertretenden Vorstandsmitglied der Kurmärkischen Zellwolle AG bestellt.

[335] Handbuch der deutschen Aktiengesellschaften Bd. 3, S. 2141, sowie 1941, 46. Jg., Bd. 6, S. 6778/6779.

[336] Das waren 10 % der damals gesamten Zellwollerzeugung in Deutschland.

[337] Bis zum 16.04.1938 lagen für 6,3 Millionen RM Aktienzeichnungen vor. Dieses Aktienkapital wurde durch Beschlüsse der Hauptversammlung der Aktionäre ständig erhöht und betrug 1941 z. B. 19 334 000 RM. Daneben erhielt der Betrieb zur Finanzierung der Anlagen ein reichsverbürgtes Darlehn in Höhe von zunächst 10 Millionen, dann 1939 von 16 Millionen Reichsmark. Auch die völlige Steuerbefreiung bis 1943 war vorgesehen. Die Kurmärkische Zellwolle war mit den Betrieben in Hirschberg (Schlesische Zellwolle AG), in Krefeld-Uerdingen (Rheinische Kunstseide AG), in Siegburg (Rheinische Zellwolle AG), in Küstrin (Zellwolle und Zellulose AG) ökonomisch verbunden. Der Inlandsverkauf wurde über die „Phrix GmbH" in Hamburg abgewickelt.

[338] STA Wittenberge Akte „Sitzung mit den Ratsherren" vom 6.1.1938.

[339] Beschluss des Regierungspräsidenten von Potsdam vom 11.4.1938.

[340] Bericht darüber in „Der Prignitzer" Nr. 50 vom 28.2.1939.

[341] „Phrixer unter sich", Werkzeitung für die Kurm. Zellwollefabrik, 2. Jg., Nr. 4, S. 7.

[342] Protokoll Beigeordnetenbesprechung vom 6.3.1940 (STA Wittenberge 000839).

[343] Kaienburg a. a. O., S. 16.

[344] Sie betrug 1944 insgesamt 5 463 t.

[345] Kaienburg, a. a. O. S. 17.

[346] Heute Gehrenweg.

[347] Sitzung vom 27.7.1941.

[348] „Phrixer" 2. Jg. Nr. 8, S. 7.

[349] Protektorat Böhmen und Mähren = Die vom faschistischen Deutschland 1939 annektierten tschechischen Gebiete. (Die Slowakei wurde ein eigener Staat.)

[350] Generalgouvernement = Von den Faschisten im September 1939 besetztes Gebiet in Polen.

[351] Sechs Baracken für 84 ledige Arbeiter. Es wurde seit 29.07.1940 von der „Deutschen Arbeitsfront" betreut. Unter der Leitung von zwei Lagerführern waren dort 230 Dienstverpflichtete untergebracht, die aus nicht kriegswichtigen Betrieben kamen, es waren z. B. Arbeiter aus der Lausitzer Glas- und Hutmacherindustrie. Diese wurden für ein halbes Jahr nach Wittenberge dienstverpflichtet. Im Laufe der Zeit wuchs die Zahl der Dienst- und Zwangsverpflichteten und damit auch die Anzahl von Baracken. Weitere Landzukäufe wurden notwendig, u.a. für ein Frauenlager.

[352] Im Oktober waren im Betrieb 265 Protektoratsangehörige, 81 Slowaken und 30 Volksdeutsche beschäftigt. Im November 1939 betrug die Anzahl der im Betrieb Beschäftigten insgesamt ca. 1.090. Davon waren 652 Deutsche, 300 Protektoratsangehörige, 41 Polen, 80 Slowaken und drei Sonstige. Diese Zahlen wechselten jedoch ständig. Am 19.12.1939 wurden 48 polnische Kriegsgefangene im Betrieb eingesetzt, deren Zahl bis zum Mai 1940 auf 218 anstieg. Später kamen französische Kriegsgefangene aus dem Stammlager Luckenwalde , das mit Angehörigen des Landesschützenbataillons 316 auch die Wachmannschaften stellte. Polen wurden jetzt verstärkt in der Landwirtschaft eingesetzt.

[353] Das größere befand sich in der Bad Wilsnacker Chaussee vor dem Bahnübergang. 1940 waren dort 319 Franzosen untergebracht, bewacht von einem Feldwebel, einem Unteroffizier, einem Gefreiten und elf Mann.

[354] Schreiben vom 20.1.1940, Akte A 47.

[355] Nationalsozialistische Volkswohlfahrt.

[356] Siehe Günter Rodegast: Das Zellstoff- und Zellwollewerk existiert nicht mehr. Veröffentlicht durch Prignitzer Heimatverein Wittenberge e. V.; 2000.

[357] Bereits 1941 wurden in Hirschberg und Wittenberge Großkochungen durchgeführt, die zur Fabrikationsreife der Hefe führten. Im Oktober war das Verfahren produktionsreif.

[358] Siehe Günter Rodegast: Das Zellstoff- und Zellwollewerk ... a.a.O.

[359] Ebenda.

[360] Bericht der Kaufmännischen Abteilung II vom 1.10.1944 und Aktennotiz vom 29.2.1944, Akte A 47. Wie Endnote 44.

[361] Es bestand aus zwei Mannschaftsbaracken, einer Waschbaracke und einer Abortanlage. Zur Beleuchtung wurden an den Zaunecken Tiefstrahler angebracht. Diese Anlage war mit Stacheldraht umgeben. Außerhalb dieser Häftlingsbaracken lag die Wachbaracke für die SS-Leute.

[362] Sie wurden auf einem zweirädrigen Karren antransportiert, der mit einer Zeltplane abgedeckt war. Zwei Häftlinge unter Bewachung der SS schoben diese Karren. Durch die Friedhofsverwaltung wurde in einer Ecke des Friedhofes (Parkstraße/Düsterweg) ein Massengrab eingerichtet, in dieses Massengrab kamen nur Tote aus der Zellwolle und ein LKW mit Toten von der Lüneburger Bahn, die auf dem Transport ermordet worden waren.

[363] Genau informiert scheint man aber nicht immer gewesen zu sein, denn am 10.5.1943 fragten Wittich und Ruland beim SS-Kommando Wittenberge an und bitten, da 52 „KZ-Leute" eingetroffen sind, um den genauen Bestand der Facharbeiter. (Anfrage an das SS Kommando vom 10.5.1943).

[364] Aussage des polnischen Bürgers Henryk Winicki vom 17.7.1979, Akte A 47. Siehe: Rodegast ....; a.a.O.

[365] Aktennotiz vom 17.11.1944, A 68. Siehe: Rodegast ....; a.a.O,

[366] Siehe „Dokumentation ..... 1994", a.a.O.

Anmerkungen zu Kapitel 9:

[367] Volkward Busat: 140 Jahre Wittenberger Handwerksbetrieb Metscher. Veröffentlicht vom Prignitzer Heimatverein Wittenberge e. V., 1998.

[368] Gelbgießermeister Carl Wilhelm Metscher, * 25.12.1827 in Wusterhausen als Sohn des Gelbgießermeisters Carl Wilhelm Metscher sen.

[369] Heinrich Wiglow (*1839) war von 1877 bis 1887 Stadtverordnetenvorsteher in der Elbestadt.

[370] Heute Bahnstraße 101.

[371] Sein Sohn, Emil Karl Heinrich Wiglow (* 1865), (vgl. Anmerkung 222).

[372] Verwaltungsbericht für das Rechnungsjahr 1903.

[373] Siehe Protokolle der Magistratssitzungen.

[374] Siehe geschlossene Bauakte im Stadtarchiv: Perleberger Straße 171.

[375] Siehe: Franz Grunick: Chronik der Kreis- und Garnisonsstadt Perleberg, 1939.

[376] Heute Ernst-Thälmann-Straße.

[377] Stadtarchiv, Bauakte; und Stadtwerke Wittenberge (Friedrich Wormstädt,Stadtwerke; 1998).

[378] Sie war Besitzerin von fast einem Dutzend Gaswerken im Deutschen Reich.

[379] Heute Rathausstraße.

[380] Man schrieb noch Coaks.

[381] Runde Metallplättchen mit einem zentrisch angebrachten Loch und einem Schlitz.

[382] Stadtarchiv, Bauakte.

[383] Dr. Leinemann: „Die Schlachthöfe der brandenburgischen Städte", in „Brandenburg. Kultur und Arbeit der Städte in der Provinz Brandenburg"; 1929.

[384] Stadtarchiv, Bauakte; und Verwaltungsbericht 1896-1902.

[385] Stadtarchiv, Bauakte.

[386] Es wurden Gleichstrom (zweimal 220 V), Drehstrom (dreimal 380 Volt und dreimal je 6 000 Volt bzw. 15 000 Volt) erzeugt.

[387] 1900 wurden in Wittenberge ca. 1000 Ziegen gehalten! Auch die Kaninchen- und Schweinehaltung war sehr verbreitet. (Stadtarchiv).

[388] „Die Müllabfuhr in Wittenberge (Westprignitz)", herausgegeben von der Stadtverwaltung Wittenberge, 11., Oktober 1919. Druck von C. Buchholz, Siegen.

[389] Z.B. zwischen Bahnhofsgelände und Perleberger Straße.

[390] Die Schulen waren zu dieser Zeit der kirchlichen Aufsicht untergeordnet. Die Parochie Wittenberge gehörte bis März 1818 zur Superintendentur Putlitz.

[391] Bratring, a.a.O., 1804: 1 Kantor und 1 Küster in Wittenberge vorhanden.

[392] Auszug aus dem Bericht der „Geistlichen und. Schul-Deputation der Churmärk. Regierung" vom 08. Juni 1813.

[393] Erich von Bremen: Über die preußische Volksschule, 1905.

[394] Zu jener Zeit wurde der heutige schulische Begriff „Klasse" häufig noch mit „Schule" bezeichnet. Es handelte sich in Wittenberge noch mehrere Jahrzehnte lang tatsächlich nur um eine einzige schulische Einrichtung.

[395] Die Person des damaligen Rektors und seine Einstellung zur Lehrertätigkeit charakterisierte die „Heimatkundliche Arbeitsgemeinschaft des Lehrervereins Wittenberge" später einmal wie folgt: „Der damalige Rektor[395] hatte seine Prüfung „pro licentia concionandi"[395] noch nicht abgelegt. Vier Jahre lang forderte ihn die Regierung in längeren und kürzeren Intervallen auf, diese Prüfung abzulegen. Keine Drohung mit Absetzung half. Ergötzlich, wie er einst an den Schulinspektor auf eine erneute Mahnung schreibt. Er würde, sagt er, die Prüfung schon noch ablegen, aber die Regierung solle doch nicht so drängeln; sie vergesse ganz Platos Wort, daß, bevor man eine Sache veröffentliche, man erst Jahr und Tag daran feilen müsse. Falls die Regierung so sehr um ihn und sein Fortkommen besorgt sei, so solle sie sich doch zunächst um die Braubonification[395] kümmern, die ihm die Stadt seit vier Jahren entzogen habe. Wenn er durch die Arbeit zum theologischen Examen gesund werde, wolle er gern Tag und Nacht arbeiten."

[396] Am 24.11.1795 in Osterburg geboren.

[397] Das Schreiben eines gewissen Conducteurs (Landmesser in Wittenberge) Lambateur vom 8. September 1821 sagt hierzu: „Schon vor ohngefähr 14 Tagen habe ich Einem Wohllöbl. Magistrat hieselbst gebeten, die Veranstalltung zu treffen daß ein dritter Lehrer angestellt wird, in dem die Schulstube des Kantors zu klein wodurch nicht allein alle Kinder, sondern auch der Lehrer ungesund werden müssen; da ich nun auf mein Schreiben, so wenig eine Antwort erhalten, als daß auch die Veranstalltung getroffen wird, so sehe ich mich genötigt. Eine Wohllöbl. Stadtverordneten Versammlung zu bitten, dafür zu sorgen, daß ein dritter Lehrer angestellt wird, in dem ich es nicht verantworten kann, daß 120 bis 130 Kinder in einer so kleinen Stube sitzen sollen, oder sollte dies viel Schwierigkeiten machen (woran ich zweifle), so muß doch auf jeden Fall die Schulstube vergrößert werden, welches aber nach meiner Einsicht mehr Umstände verursacht, und überdem ist es auch besser wenn noch ein Lehrer angestellt wird, in dem ein Lehrer wenn die Kinder etwas lernen sollen nicht 120 bis 130 Kinder übersehen kann. Auf dieses mein Gesuch muß ich mir eine Antwort erbitten, da mit wenn es nicht geschehen sollte, ich mich dieserhalb an die Regierung verwenden muß."

[398] Der frühere Ortschronist in Wittenberge, Otto Zeller, berichtete in seinem Buch „Aus Wittenberges Vergangenheit" davon: „Rückte die Weihnachtszeit heran, dann zog ,Küsterfritz' mit seiner Sängerschar los. War durch die Stadt die Runde beendet, dann ging er auf die Dörfer[398]. Als erstes Lied erklang aus frischen Kehlen „Dies ist der Tag, den Gott gemacht!" Für sich setzte ,Küsterfritz' leise hinzu: „Für uns!", und die Kinder dachten ebenso. Während der „Kunstleistung" sorgte die Frau des Hauses für ein gutes Frühstück, das dann sehr bald in den Mägen der Künstlerschar verschwand. Der jüngste Sänger trug einen Querbeutel über die Schulter. In das eine Ende wurde das empfangene Backobst verstaut, in das andere die sonstigen gesammelten

Genußmittel und auch Federkiele. Hinter den letzteren waren die Jungen mit Ausdauer her, denn wehe dem, der mit einer Stahlfeder in "Küsterfritz's" Klasse zu schreiben sich unterfing, er konnte sich auf eine schmerzhafte Lektion gefaßt machen. Neigte sich der Tag zum Ende, hatten Füße, Magen und auch Stimmbänder eine tüchtige Arbeit hinter sich. Am nächsten Tag versammelte sich die kleine Schar wiederum beim „Küsterfritz". Mutter hatte Warmbier bereitet, das man sich als Grundlage für neues Wirken mit Genuß einverleibte. Daneben erhielt jeder Junge eine Tüte mit Kandis, um Heiserkeit im Entstehen zu bekämpfen. Hatte der Winter die Wiesen mit Eis und Schnee bedeckt, dann setzte sich „Küsterfritz" bei der Heimkehr wohl auf einen Handschlitten, den die Jungen abwechselnd zogen, und im Galopp ging es heimatlichen Penaten zu (= der heimatlichen Wohnung zu)." Noch als Anfang 1858 „Küsterfritz" gestorben war, war das Singen auf den eingepfarrten Dörfern üblich, wie aus der Vocation für Küster und Lehrer Küster zu entnehmen ist. (Stadtarchiv)

[399] Beim Lehrer unter den sog. Accidentien (= nicht feststehende Einkünfte; Nebeneinnahmen) mit aufgeführt.

[400] Hier saßen sich die Schüler gegenüber.

[401] 384 Quadratfuß = ca. 36 m².

[402] Jede 16 Fuß lang. 1 Fuß = ca. 28 cm.

[403] = ca. 25 m².

[404] Die Kinder mussten zum Lebensunterhalt der Familien beitragen.

[405] In ihren vier Klassenräumen von je etwa 472 Quadratfuß wurden 60, 62, 96 und gar 133 Schüler unterrichtet.

[406] Außer dem zunächst einem Klassenraum von 416 Quadratfuß Größe sollte nun ein weiterer Klassenraum (368 Quadratfuß) neu eingerichtet werden.

[407] 1 sgr (Silbergroschen) = 12 Pfennige.

[408] Laut Magistrats Bericht für 1863/64.

[409] Auch 8-Groschen-Schule genannt.

[410] Auch 6-Groschen-Schule genannt.

[411] Nach Verlegung des Hauptzollamtes nach Hamburg.

[412] „Urkunde zur Grundsteinlegung der neuen Kirche vom 23.04.1870", veröffentlicht in „Intelligenz-Blatt" # 60 vom 27.07.1870. Für den Kirchenneubau wurden im März 1870 zwei alte Schulhäuser und anderer Gebäude abgerissen.

[413] Dort wo früher die alte Postscheune stand. Die Baukosten betrugen 18 000 Taler. Ab 1873 befand sich dort die Knaben-Mittelschule.

[414] Rektor Wilhelm Voigt ist hier bis 31.03.1907 als Rektor tätig.

[415] Umwandlungen gem. den „Allg. Bestimmungen" vom 15.10.1872.

[416] Rektor Haase ist bis 17.11.1910 hier tätig.

[417] Davon waren 59 in Wittenberge ansässig.

[418] Schulleiter waren hier: Hans Warnke und Edmund Wolny.

[419] Schulleiter war Oberstudiendirektor Hans Kropp.

[420] Siehe Abbildung „Der Marktplatz bis 1870".

[421] „Fest-Zeitung anläßlich der Weihe des Rathauses in Wittenberge am 25. Und 26. Juni 1914", herausgegeben vom General-Anzeiger für die Prignitz und Altmark, Wittenberge. (Im Stadtarchiv)

[422] Heute „Kochschule", Burgstraße/Kirchplatz.

[423] Steinstraße 15.

[424] An dem im Jahre 2000 renovierten Haus ist zur Erinnerung die ursprüngliche Inschrift mit Hinweis auf diese Mietung wieder angebracht worden.

[425] Stadtbaurat Bruns: Vorgeschichte des Neubaues. (In „Fest-Zeitung .....", a.a.O.)

[426] „Zuletzt war die städtische Verwaltung in fünf verschiedenen Häusern und zwei Nebengebäuden untergebracht. Selbst die Stadtverordneten-Versammlung mußte länger als 20 Jahre außerhalb des Stadthauses tagen." Aus der Rede des Stadtverordneten-Vorstehers Dr. Ernst Gebauer zur Einweihung des Rathauses. (General-Anzeiger der Prignitz und Altmark vom 27. Juni 1914)

[427] Rede des Stadtverordneten-Vorstehers Dr. Ernst Gebauer zur Eröffnung der Festsitzung am 26. Juni 1914 (General-Anzeiger für die Prignitz und Altmark vom 27. Juni 1914)

[428] Die Stadt Wittenberge schied mit dem 01. August 1922 aus dem Verband des Kreises Westprignitz aus und bildete für sich den 11. Stadtkreis in der Provinz Brandenburg. Die Stadt hatte jetzt 26 744 Einwohner in 7 339 Haushalten. Zu ihrem Territorium gehörten 2 088,68 Hektar, davon waren 294,91 ha in städtischem Besitz, zuzüglich 100,42 ha des Stadtgutes Hermannshof. (Bekanntmachung in Amtsblatt der Regierung in Potsdam, Ausgabe C, Nr. 30 vom 29. Juli 1922, S. 299.)